# 正直與勇敢

## 甘迺迪總統親筆記錄堅持信念、當仁不讓的故事

John F. Kennedy
約翰．甘迺迪 著
楊宇光 譯

# Profiles in Courage

*本書為《正直與勇敢》的改版書

獻給我的妻子

Reviews

# 媒體讚譽

「這是一本偉大的著作……書中精準描寫了幾位美國政治家，在碰上關鍵歷史轉捩點時，所展現的偉大勇氣。」

——《芝加哥論壇報》（*Chicago Tribune*）

「引人入勝又極富重要性。」

——《普羅維敦斯紀事報》（*Providence Journal*）

「易讀又深刻，非政治圈人士也可輕鬆理解。」

——《華盛頓郵報》（*Washinton Post*）&《時代先驅報》（*Times-Herald*）

「相當精彩……引人深思又令人帶來希望。」

——《基督教科學箴言報》（*Christian Science Monitor*）

「發人深省。」

——《費城詢問報》（*Philadelphia Inquirer*）

「激動人心，充滿了高潮迭起、懸疑、理想、收穫與回報。」

——《紐約時報》（*New York Times*）

「真誠又相當有靈魂的一本書。」
——約翰·張伯倫（John Chamberlain），《華爾街日報》（*Wall Street Journal*）

「很少復原期的病人能像麻州的新秀美國參議員約翰·甘迺迪一樣，這麼善用長期臥病在床的時間。讀者們很長一段時間沒讀到這般好書了，而這本書正是這段恢復期所結的果。」
——厄文·迪利爾德（Irving Dilliard），《紐約先驅論壇報》（*New York Herald Tribune*）

「一本別出心裁又極具說服力的著作，由一流政治家所寫就，以讚揚正直的政治人物，令人耳目一新、發人深省。」
「甘迺迪參議員以卓越的觀察力以及反省力，從自身第一手的政治圈經驗寫下了此書。如同許多能幹的年輕眾議院成員，他也曾經思考過立法與國會議員的角色、他們的弱點與尚未實現的潛力，也曾經懷疑過偉人的年代是否一去不回。去年漫長的養病期間內，他將這些沉思化為文字……他可不是半調子的政客，而是充滿理想、少有空想，並且腳踏實地的出師學徒。政治這門職業值得推崇，但卻飽受抨擊，他的著作能夠恢復眾人的敬意。」
——卡貝爾·菲力普（Cabell Phillips），《紐約時報》（*New York Times*），1956年1月1日

「整體而言，甘迺迪參議員一路走來有許多成就，未來的每一步都必須多加留意，因為他已經設下了相當高的廉政水準……現今的社會環境中，只要是針對政治獨立性與勇氣的鑽研作品，肯定都會受到歡迎。但是這位年輕作者不僅是美國參議員，具有英勇周到的背景，還採用獨立方法進行鑽研，不僅偉大，而且又相當有幫助。甘迺迪參議員豎立起了相當偉大的標竿，希望永遠不會倒下。」

——E·D·坎漢（E. D. Canham），《基督教科學箴言報》（*The Christian Science Monitor*）

「美國麻州參議員約翰·甘迺迪寫了一本好書，所有美國人都應該拜讀。書中清楚點明了所有眾議院成員正面臨的壓力與難處，並且還詳述了一名為國服務的參議員與眾議員應該要有多崇高無私的愛國情操。」

——麻州《春田共和報》（*Springfield Republican*）

Foreword

# 前言

## 以勇氣找到難題的解答

羅伯特・甘迺迪

ROBERT F. KENNEDY

勇氣是甘迺迪總統最欣賞的美德。無論是在戰場、棒球場、演講廳或社運場合，他總能慧眼識英雄，找出具有勇氣、能夠挺身而出且值得信賴的人選。

這正是本書與他的個性和信念相吻合之處：此書內容描述的對象冒著人身安全、前途，甚至是自己兒女性命的風險，為了原則挺身而出。他便是朝著這股理想在塑造自己的人生，並在無形之中激勵了許多人。

安德魯．傑克森曾經說過：「具備勇氣之人會贏得多數人的欽佩。」這正是甘迺迪總統對其他人所帶來的影響。

要是甘迺迪總統能活到一九六四年，便會於五月滿四十七歲；但是，他的人生有一半的日子都在劇痛中度過。他在小時候得了猩紅熱，年紀較大時又有嚴重的背痛問題，之間還罹患過各式各樣的病痛。我們小時候常開玩笑說，連蚊子要叮約翰．甘迺迪都得冒著相當大的風險，因為吸了他的血之後就活不久了。他戰後在切爾西海軍醫院待了相當長的一段時間，並在一九五五年接受痛苦的大型背部手術，甚至還於一九五八年拄著枴杖參加競選活動。我們一九五一年一同周遊列國時，他就曾生了一場病。我們搭飛機前往沖繩的軍事醫院，他高燒達華氏一〇六度，醫護人員還說他必死無疑。

但是，我從來沒聽他抱怨過任何一句，也沒聽過他話中帶有一絲抱怨上帝不公平的暗示。與他熟識的朋友就會知道，他真正受到的苦，僅是因為自己臉色蒼白了些、眼窩深凹了些、言語銳利了些。不瞭解他的人則什麼都不會注意到。

「連他都沒抱怨了，那我又有什麼資格好抱怨呢？」跟他相處，總是會讓人腦袋冒出這種想法。

甘迺迪勇敢對抗病魔，從軍參戰，競選參議院席位，為興建聖羅倫斯海道而挺身和麻州的利益對抗，於一九五九年努力爭取勞工改革法案，在一九六〇年參加西維吉尼亞州的初選，在未被事先通知的情況下與林登・詹森（Lyndon Johnson）在洛杉磯的民主黨全國代表大會辯論，一肩扛下「豬灣事件」失敗的責任，與鋼鐵公司硬碰硬，並於一九六一年與次年一九六二年勇敢為柏林的自由發聲，強硬要求蘇聯從古巴撤離飛彈，為所有公民爭取平權，還有其他百餘件大大小小的事蹟——這一切的經歷總能讓人看到人性最美好的一面。

甘迺迪展現出了毅力、勇氣、幫助有需求之人的決心、以及真正的愛國心。

因為甘迺迪的努力，有智能障礙或精神疾病的人才有了較為平等的機會，更多的年輕人能夠接受教育，並帶著尊嚴與自信心過活，病人才能得到較妥善的照顧，世界才變成了一個更和平的地方。

可惜甘迺迪總統在白宮僅待了一千個日子，而非三千天。話雖如此，他仍達成了相當多的成就，但這個國家還有很長的一段路要走。

本書中的故事主角皆識見了彼時應該要有的行動，並且付諸實行。甘迺迪總統喜歡引用但丁的話：「地獄裡最熱的地方，是留給那些在重大道德爭議之中，仍保持中立的人。」

要說甘迺迪在本書中描述的主角故事對我們有何教誨，以及他本人的一生與死亡有何教誨，那大概就是——這世界上沒人有資格能當旁觀者，彷彿事不關己地站在一旁高談闊論。

湯瑪斯．卡萊爾（Thomas Carlyle）曾寫過：「我們所追求推崇的，並非死得有骨氣的勇氣，而是活得像個人的勇氣。」

甘迺迪總統生前的最後一天早上，撥了通電話給前美國副總統約翰・南斯・加納（John Nance Garner）致意。那天是加納先生的九十五歲大壽。加納先生剛到華府時，總聯邦預算還不到五億美元，而甘迺迪總統任內的聯邦預算卻逼近一千億美元。甘迺迪總統的祖母居於波士頓見證了林肯總統中彈的歷史（一八六五年），而當甘迺迪總統遭到暗殺時（一九六三年），他的祖母也仍住在波士頓。

美國還是個年輕的國家。人口將會持續地增長、人們會不斷地擴張領土，直到有一天地球容納不下我們為止。我們目前面臨的部分問題，是半世紀前、甚至是十年前的人根本連想像都想像不到的。

要迎戰國內城市、農場與自身的挑戰，要成功替世界各地的人爭取自由，要擊敗文盲、飢餓與疾病等問題，就必須要所有人投注心力、貢獻才能。沉溺娛樂消遣、安於現狀不上不下的生活，對我們百害無一利。眾志成城，人數不足便無法成大事——我們必須一同追求卓越。

總統最喜愛的作家之一，特威茲穆爾男爵（Lord Tweedsmuir），曾於自傳當中寫道：「公職生活是職業之冠，對年輕人來說也是回報最高的抱負。政治至今仍是一場最偉大、最值得尊敬的冒險。」

許多地方都對於政治嗤之以鼻，瞧不起在政府工作的公職人員。我認為甘迺迪總統翻轉了此局面，而且還改變了一般大眾對於政府的觀感。當然，此舉還是為了參與政治的人。但是，無論我們對於政治有何想法，政府都還是做決策的地方，不僅會影響我們所有人的命運，還會影響到我們世世代代的子孫。

去年（一九六二年）發生古巴飛彈危機時，我們曾經討論過戰爭、使用核武的可能性，還談過遭遇不測的可能，雖然當時後者感覺簡直微不足道。甘迺迪總統當時唯一擔心、真正有意義的事情，也是讓那個年代更加令人恐懼的事情，就是美國國內與世界各地有許多年輕人因此喪生，他們不僅與這場衝突毫無關聯、根本不知情，但一樣遭到無差別殺害。他們從未獲得做決策的機會，無法投票、競選、領導革命，更無法決定自己的命運。

我們這個世代的人有自主的機會，如果我們錯失良機，不僅會毀了自己、前途、家園與國家，更會讓那些毫無機會投票表達意見、做出影響的人，喪失生命、前途、家園與國家。

博納・勞（Bonar Law）說過：「沒有任何一場戰爭是無可避免的。如果發生了戰爭，便代表人類智慧遭逢了失敗。」

這話的確沒錯。不僅我們需要智慧，任何人都需要智慧。如果美國總統和赫魯雪夫書記沒有展現智慧，我們所熟悉的世界便會遭到摧毀。

但是，古巴的事件肯定會一再重演，危機不會結束。我們還會碰到飢餓、權力不均、貧窮與壓迫的問題——這些人需要他人的援手。一九六二年十月古巴飛彈危機獲得了解答，我們也必須替面前的所有問題找出答案。智慧仍扮演舉足輕重的角色。

約翰・昆西・亞當斯（John Quincy Adams）、丹尼爾・韋伯斯特（Daniel Webster）、山姆・休士頓（Sam Houston）、湯瑪斯・哈特・本頓（Thomas Hart Benton）、艾德蒙・羅斯（Edmund G. Ross）、盧修斯・奎塔斯・辛辛納塔斯・拉馬爾（Lucius Quintus Cincinnatus Lamar）、喬治・諾里斯（George Norris）與羅伯特・塔夫特（Robert Taft）將這世界傳承給了我們手上。他們在世界上留下了屬於自己的印記，讓這個國家因此不同。他們所做的一切、為我們付出的一切都備受珍惜推崇，整個國家與我們所有人也因此受益良多。

約翰・甘迺迪也不例外。他度過充滿意義的一生，在世時對這個國家貢獻良多。然而，更重要的是我們要如何接棒，完成他的未竟之業。他跟柏拉圖一樣相信，民主制度下公民權的定義便是參與政府，並如培根（Francis Bacon）曾經寫過的一樣：「就交給上帝與天使來定奪」。他堅信在人民付出之下，如此一個民主國家必定有能力迎擊問題，而且非做不可。此民主國家必須展現耐心、自制力與憐憫心，還要有智慧、力量與勇氣，才能替棘手的問題找到難以尋獲的解答。

甘迺迪堅信我們一定能成功，因為當前這世代的美國人，繼承了這片土地上先輩的勇氣——

「我們絕對不能忘記我們是第一次革命的後代子孫。不論敵友，請將我的話廣傳出去，新一代的美國人已經接棒，我們是屬於這世紀的孩子，曾經過戰爭的磨練，嚐過得來不易的和平，並以我們的歷史傳承為傲。對這個國家長久以來人權一點一滴的被破壞、今日在美國與世界各地對人權的侵害，我們絕對不會默許和袖手旁觀。」

此書不僅講述過去的故事，還替未來帶來希望與信心。這個國家與世界將來何去何從，端看我們如何善用前人的歷史傳承。

羅伯特・甘迺迪

一九六三年十二月十八日

• 羅伯特・甘迺迪（一九二五～一九六八年）──第三十五任美國總統約翰・甘迺迪之弟，前美國司法部長、紐約州國會參議員，於一九六八年遇刺身亡。

Preface

# 作者序

## 約翰・甘迺迪

JOHN F. KENNEDY

在筆者進入參議院之前，自從第一次閱讀約翰．昆西．亞當斯的文章及其與聯邦黨（the Federalist party）的衝突相關歷程後，筆者對面臨選民壓力時，是否有政治勇氣的問題一直很感興趣，並且從過往政治家的生平事蹟中獲得啟發。一九五四年十月，筆者進行了脊柱手術，需要長時間住院治療和休養，使筆者有機會為撰寫本書進行必要的閱讀和研究。

筆者並非專業歷史學家，書中所有事實和判斷的錯誤都應由筆者本人負責；而對在本書寫作過程中幫助過筆者的人，亦要表達衷心的感謝。

筆者在此要特別感謝傑出的機構——美國國會圖書館。我不在華盛頓的數個月裡，該館法律參考書和出借部極其迅速和及時地滿足了我的全部借閱要求，令人不勝欣喜。該館印刷和圖片部的密爾頓．卡普蘭（Milton Kaplan）和維吉尼亞．戴克爾（Virginia Daiker）提出了可以採用哪些插圖的建議，使我獲益匪淺。正如《紐約時報》的亞瑟．克羅克（Arthur Krock）和威廉學院教授詹姆斯．麥奎格．伯恩斯（James McGregor Burns）一樣，國會圖書館工作人員中，喬治．蓋洛威博士（Dr. George Galloway），以及特別是威廉．坦西爾博士（Dr. William R. Tansill）對本書有重要的貢獻。

明尼蘇達大學教授約翰．畢斯特隆（John Bystrom）、前內布拉斯加州檢察長索倫森（C. A. Sorensen）和內布拉斯加州議會高級文書雨果．薩拉布（Hugo Srb）協助提供過往從未發表過的喬治．諾里斯的信件和內布拉斯加州議會的有關文件。喬治城大學教授朱爾斯．戴維斯（Jules Davids）幫我準備了幾章資料；我能幹的朋友詹姆斯．蘭迪斯（James M. Landis）也幫忙不少，他樂於把律師嚴密精確的作風帶到探索歷史奧祕的過程中。

本書第二章到第十章曾依據哈佛大學兩位教授亞瑟．霍爾庫姆（Arthur N. Holcombe）和小亞瑟．施萊辛格（Arthur M. Schlesinger, Jr.），以及芝加哥大學教授華特．詹森（Walter Johnson）的評論作過大幅度修改。我亦從哈潑兄弟出版社的伊凡．湯瑪斯（Evan Thomas）那裡得到了書籍編輯方面的建議、善意的合作態度和積極的鼓勵，才使本書得以付梓。

也感謝葛洛莉亞．利夫特曼（Gloria Liftman）和珍．多諾萬（Jane Donovan）在為本書手稿打字時不遺餘力，恪盡職責。

在這裡我謹向研究助理希歐多爾．索倫森（Theodore C. Sorensen）致以最大的謝意，他為蒐集整理本書所依據的資料，提供了難能可貴的協助。

要不是妻子賈桂琳從一開始就給予我鼓勵、協助和批評，這本書不可能得以完成，而她在我康復的日子裡給我的幫助，我千言萬語都感激不盡。

約翰・甘迺迪

一九五五年

他十分清楚，由於個人恩怨……也許還由於普遍的謬見，他的道路上佈滿了陷阱。但是他寧願讓自己的舒適、安全、利益、權力，甚至……在公眾中的聲譽受到損害。

他因追求自己確立的目標而受到中傷和辱罵。他將記住，受到詆毀是獲取真正榮耀的必要成分……他將記住，遭到誹謗和謾罵是勝利的重要構成部分……他也許很長壽，可以做許多事情。但是這裡已是頂峰。他絕不可能比現在做得更多了。

——一七八三年十二月一日，英國下議院。

艾德蒙·柏克稱頌查爾斯·詹姆斯·福克斯抨擊東印度公司的暴虐行為。*

---

* 艾德蒙·柏克（Edmund Burke）與查理斯·詹姆斯·福克斯（Charles James Fox）同為英國輝格黨（Whig Party）的政治家。

Contents

# 目錄

# Part 1

060 **時代背景**

第二章

068 **約翰・昆西・亞當斯 John Quincy Adams**

「我對自己因此吃了不少苦頭的那些行動絕不後悔，如果現在有必要，我會在詆毀、被厭惡和免職等種種威脅下，再次那麼做。」

# Part 2

096 **時代背景**

第三章

104 **丹尼爾・韋伯斯特 Daniel Webster**

「我對自己恪盡職責的信念堅定不移。我將繼續遵循這些信念，絕不畏縮……在動盪不安的時代，點燃並燒旺紛爭的火焰比起撲滅這種火焰容易得多。」

第四章

132 **湯瑪斯・哈特・本頓 Thomas Hart Benton**

「我既不能違背他們明確的意願去投票反對條約，也不能違背自己對憲法和道義的責任感去投贊成票。如果做出的抉擇會結束我的政治生涯，我也欣然為之。」

第五章

160 **山姆・休士頓 Sam Houston**

「我號召來自聯邦各地的朋友們堂堂正正地挺身而出……他們必須預期各種偏見將會從各方面進行抨擊，不管個人會有什麼樣的後果，他們應該對聯邦堅貞不渝。」

## PART 3

186 **時代背景**

第六章

192 **艾德蒙・羅斯 Edmund G. Ross**

「我幾乎一低頭就看到我的敞開的墳墓。友誼、地位、財富以及能使有抱負的人感到生活稱心如意的一切將會因我說的話一掃而光，也許永遠失去。」

第七章

224 **盧修斯・奎塔斯・辛辛納塔斯・拉馬爾**
**Lucius Quintus Cincinnatus Lamar**

「如果公務員僅僅對選民唯命是從，而不是充當真正意義上的代表去謀求全國的持久繁榮和未來利益，美國的自由及重大利益絕不可能得到保障。」

# PART 4

258 **時代背景**

第八章

266 **喬治・諾里斯 George Norris**

「我寧可問心無愧地走向政治墳墓……我寧可埋葬在安靜的墳墓裡，讓朋友和敵人都記住我忠於信仰，循名責實，絕不願無所作為地活著，慢慢變老……。」

第九章

298 **羅伯特・塔夫特 Robert A. Taft**

「自由主義突出地意味著思想的自由，思想不受正統教條束縛的自由以及人人可以獨立思考的權利。它還意味著思想方法的自由，對新思想的開放和願意給予充分的考慮……」

第十章

317 **其他政治上當仁不讓的人**

第十一章

333 **勇敢的意義**

Chapter

# 01

# 勇敢和政治

## COURAGE AND POLITICS

這是一本敘述最令人欽佩的人類美德——「勇敢」的書。海明威（Ernest Hemingway）為勇敢下的定義是「壓力下展現的優雅」。本書講述了美國八位參議員經歷的壓力以及承受壓力時所展現的風度，這些壓力是：他們的事業受到損害的風險、他們的行動方針不受支持、他們的品行遭到詆毀；有時候，僅僅有時候，情況糟糕到他們需要為自己的名譽和行為準則做辯護和證明。

一個忘卻過去曾在公眾領域中弘揚「勇敢」的國家，是不會再堅持要求今日所選出的領袖具備勇敢的品格或對勇敢加以褒獎——事實上我們已經忘記要那麼做了。我們也許還記得約翰·昆西·亞當斯如何透過亨利·克萊[1]的政治謀劃成為總統的，但是我們已經忘記他在年輕時為了支援國家，如何放棄參議員生涯的遠大前程。我們也許記得丹尼爾·韋伯斯特[2]在他職業生涯中對國民銀行言聽計從，但是我們忘記了他在任期行將結束時，為國家利益所做出的犧牲——我們之所以忘卻，也許僅是因為我們對這些並不在乎。

前幾年，有位為多家媒體專欄撰稿的作家對千千萬萬的讀者說：「人們毫不在乎普通參議員或眾議員說什麼。他們毫不在乎的原因是——他們知道從國會裡聽到的百分之九十九是廢話、蠢話和蠱惑民心、不可信賴的話……」（引文一）

早先有位內閣成員在日記中寫道：

雖然我不大相信參議院已完全墮落，但是我幾乎不指望大部分參議員能做到誠信。大多數參議員心胸狹窄、刻板頑鈍，根本不適合擔此重任。有些參議員是俗不可耐、蠱惑人心的政客，有些則是已經權勢在握的富人……（還有些）目光短淺、粗魯無能，並且盲目擁護某些黨派偏見……（引文二）

再早些時日，有位參議員對同僚說道：「由於我們辦事不力，人們不再信任我們了。」（引文三）

參議院知道，今日許多美國人都深有同感。我們聽到別人說，參議員必定是個政客，而政客必定只關心贏取選票，而不是關心治國本領或敢作敢為。母親們也許仍

---

1. Henry Clay（一七七七～一八五二年），美國參眾兩院歷史上最重要的政治家與演說家之一。
2. Daniel Webster（一七八二～一八五二年），美國政治家，曾兩次擔任美國國務卿。

希望自己鍾愛的兒子長大後當總統，但是根據幾年前著名的蓋洛普（Gallup）民意調查——她們不希望兒子長大後成為政客。

目前對參議院的大量批評和蔑視是否意味著參議院的素質已經下降了呢？當然不是。因為在上述引文中，引文一是二十世紀時講的，引文二是十九世紀，引文三是十八世紀（當時參議院第一次會議剛剛召開，正在辯論美國首都應該設在哪裡）。

那麼，這是否意味著參議院再也不能自誇是「勇者的殿堂」了呢？

華特·李普曼[3]經過近半個世紀的仔細觀察，在他最近出版的一本書裡對政治家和全體選民都提出尖銳的評價：

> 除了極少數可以看作全才或奇人外，取得成功的民主黨政治家盡是些缺乏自信和膽怯的人。他們在政壇上步步高升，僅僅因為他們善於安撫、賄賂、唆使、哄騙或者能夠設法控制選民中那群吹毛求疵、來勢洶洶的人。他們最主要考慮的不是自己的觀點和使命是否正確，而是能否爭取民心——即不在於觀點和使命是否行得通並行之有效，而在選民中的意見領袖是否立即表示滿意。

我在「成功的民主黨政治家」圈子裡生活和工作了近十年後，對參議員盡是些「缺乏自信和膽怯的人」這種說法到底是否準確還沒把握。但我相信，公共事務的複雜性和兩黨吸引公眾注意力的競爭，已經使參議院裡幾乎每天出現、在政治上大大小小的勇敢行為黯然失色。我相信，參議院整體素質的下降幅度（如果說已經下降的話），要比公眾對政治策略、妥協與平衡的必要性，以及對參議院這個立法機構性質的理解下降得要小。最後，我相信我們批評了隨波逐流的人，同時也許批評了反潮流的人——是因為我們尚未充分瞭解參議員對選民的責任，或者沒有充分認識到，用韋伯斯特的話來說，渴望「把他那孤零零的小船從岸邊推向波濤洶湧、阻力重重的海洋」的政治家所面臨的困境。也許，如果美國人民能更加全面地理解妨礙政治上敢作敢為的巨大壓力（這種壓力迫使參議員努力克己或違背良心），那麼可能就不大會去批評取巧走捷徑的參議員，同時更加讚賞沿著勇敢的道路走下去的

3. Walter Lippmann（一八八九～一九七四年），美國新聞評論家和作家，一九五八、一九六二年兩次榮獲普立茲獎，代表作是《輿論學》（*Public Opinion*，一九二二年）。

參議員。

書中提及的第一種壓力，一般大眾都不太能理解：美國人希望得到別人喜愛，參議員概莫能外。他們的天性熱衷於社交，他們的身分也有必要熱衷於社交。我們喜歡與朋友及同事志同道合。我們喜歡讚揚而不是謾罵、喜歡深得民心而不是為人所不恥。我們了解離經叛道者的道路一定很孤獨，所以我們渴望與議會的同事、所屬俱樂部裡的同伴一起遵守俱樂部的規則和模式，避免我行我素而使其他成員為難或惱火。此外我們還認知到，在俱樂部裡的影響力，以及實現自己目標和選民目標的程度，在某種意義上說，取決於其他參議員對我們是否尊重。當我進入國會時，有人曾對我說過：「待人接物之道就是要懂得隨機應變」。

隨機應變意味著不僅需要良好的夥伴情誼，而且要運用折衷妥協的方法，對事情隨時把握好孰輕孰重，採取妥當的措施。我們不應未經三思就譴責所有妥協行為都將有損士氣，因為在政治和立法中，並非原則都一成不變或理想都高不可攀。正如約翰．莫利（John Morley）的敏銳觀察——在政治「這個領域裡，行動常常可以退而求其次，而且抉擇時刻總是容易出錯」。在民主的生活方式和聯邦政府的體制下，立法制度需要個人及其所屬團體的願望，以及與周遭其他人相互折衷妥協。前美國國務卿亨利．克萊一定明白個中道理，所以說「妥協」是維持美國團結的凝聚劑：

所有的法律……是根據相互讓步的原則制定的……如果一個人妄自尊大，不講仁慈，無視人性、弱點、欲望和必要需求，如果他愛說「我絕不妥協」，就讓他去說吧，但絕不能讓可以正視人類本性共同弱點的人鄙棄妥協。

正是妥協才防止了各種改革家在政治上走向極端——無論溫和派、強硬派、世界大同主義者、孤立主義者、吹毛求疵者和大而化之者，因而破壞群體的利益。狂熱的信徒、極端分子，甚至認真堅絕地恪守原則的人，總是對政府未能迅速貫徹全部原則或沒有譴責對手的原則而失望。但是議員有責任在本州和黨內調解各種對立的勢力，在全國性重大利益衝突中代表本州或所屬政黨講話，只有議員們最清楚，幾乎沒有一個問題可使所有事實、所有權利和所有善良的人一面倒。

如今有人批評我的一些同事缺乏明確的原則，或者用鄙視的目光把他們看成有失體面的「政治家」，而他們只不過擅於運用調解的藝術，對各種勢力和不同輿論進行調停、平衡和解釋，這種策略是維護國家團結和保證政府職能順利運作所不可或缺的。良知也許會不斷引導他們更加嚴格地採取遵守原則的立場，但是智慧告訴他們，無論是良好或差勁的法案總比沒有法案強。任何法案唯透過有得有失的妥協，才能成功地獲得參議院、眾議院、總統和全國的准許。

不過，問題在於我們應該如何妥協以及向誰妥協。做出不必要的讓步是輕而易舉的，這種讓步不是合法地解決衝突的手段，而是「隨機應變」的方法。

有人提醒我應該「隨機應變」——盡心盡力地追隨我幫忙選出來的政黨領袖，如此一來就能獲得回報。在國會，所有人都能充分認識到政黨團結的重要性（而在維護政黨團結的名義下也犯過錯誤），知道任何離經叛道都會在下一次選舉中對本黨的勝算造成負面影響。而且近年來在公共服務中，議員能得到的基本權益比較少，大部分利益分給了熱心的競選活動家，因為這些人的努力可不只是出於信念的推動；結果，不與黨意同心同德的人也許突然發現自己什麼也得不到。他所關心的立法是否成功，也部分取決於他對所屬政黨計畫的支持贏得了多少政黨領袖對他的支持。最後，憑良心獨立行事的參議員發現自己不僅受到參議院同事和黨內同志的鄙視，而且遭到競選運動基金所有重要捐款者的白眼。

希望在下一次競選活動中獲得連任的想法，使參議員面臨第二種壓力：不要理所當然地認為，爭取連任是十足自私的動機，選擇政治作為職業的人謀求連任畢竟是天經地義的——因為只有為了捍衛一項原則而不怕可能徒勞無功、以失敗告終的參議員，才會準備將來繼續再為該項或其他原則去戰鬥。

而且，失敗不只是參議員本人的挫折，他還有責任考慮失敗對他所支持政黨的影響，對甘願為他冒風險或把積蓄投入其政治事業的朋友和支持者的影響，甚至還要考慮對他的妻子和兒女的影響——他們的幸福和保障通常某種程度上仰賴其政治事業的成功，對他來說，家庭也許比別的事情更加舉足輕重。

在一個非專制集權的國家，還有哪個職業像政治一樣要求個人為國家利益犧牲一切（包括自己的事業在內）呢？在私人生活中，如同在企業中工作一樣，我們期許個人光明正大地增進自我利益（當然是在法律允許的範圍內），以便實現整體社會的進步。但是在公共生活中，我們期望個人能捨棄自己的利益，以確保國家利益。所以只有政治這個職業要求個人在某個問題上捨棄榮譽、威信和自己所選擇的事業。當然律師、商人、教師、醫生等也會需要誠實正直地做出艱難的個人抉擇，但是他們幾乎不會像公職人員那樣需要在眾目睽睽之下做出抉擇。他們幾乎也不會像一個被點到名的參議員那樣面臨艱難的最終抉擇。他需要更多時間才能做出決定，他可能認為要對雙方說點什麼，或者覺得稍加修改決策就可以排除全部障礙。但是當他被點名時，他就不能支吾搪塞、拖延不決；而且他感到選民就像美國詩人愛倫坡（Allan Poe）詩歌中的渡鴉一樣[4]，停在他的參議院辦公桌上，當他投下與自己政治前途休戚相關的一票時，低啞地叫出「永不復焉」的聲音。

會自願選擇退避三舍的參議員寥寥無幾。「波多馬克熱」[5]的病毒在華盛頓到處傳播，在參議院蔓延得尤其厲害——從這個「世界上最獨特的俱樂部」無奈引退、放棄從政這種有趣工作的可能性、國會辦公室迷人的裝飾和顯著的特權，都把最有膽識的政治家搞得嚴重失眠。有些參議員沒有想到這些，做起事來還可能比較輕鬆，不大煩惱，會把起初看起來是他們的良心（即他們深思的結果）和大多數選民意見之間的衝突加以撫平或做出合理的調停。這樣的參議員不能算是政治上的膽小鬼，他們只不過已經習慣按照公眾的意見做出自己的結論。

此外也有一些參議員沒有養成這種習慣——他們既沒有限制也沒有壓抑自己的良心，但由衷地、並非見利忘義地認為，如果想辦事有效，必須撇開良心上的考慮。他們贊同政治作家法蘭克·肯特[6]的觀點，政治這個職業並非不道德，而是非關道德的：

也許對政治上胸懷大志的人來說，最重要的成就是擅於「說歸說，做歸做」……重要的不是站到現有問題正確的一方，而是站到多數人那一方……不管你個人的信念或事實如何，用這種辦法爭取選票是極其實惠的，道德與是非觀念都不允許進來介入。

肯特還引用據說是一九二〇年競選期間，前亞利桑那州參議員艾休爾斯特（Ashurst）對他的同事馬克．史密斯（Mark Smith）提出的忠告：

---

4. 〈渡鴉〉（The Raven），講述了一隻會說話的渡鴉對一名發狂的戀人的神祕拜訪，這名戀人因失去他的所愛而悲痛。渡鴉坐在其胸像上，不斷重複著：「永不復焉。」（Nevermore.）

5. Potomac Fever，波多馬克是華盛頓市內一條河流名。美國人把在華盛頓政府機構中表現出政治狂熱的人，稱為染上「波多馬克熱」病。

6. Frank Kent（一八七七～一九五八年），美國記者，活躍於二〇、三〇年代的政治作家。

馬克，你最大的問題是不肯做一個巧言令色的政客。為了當選，你也不願違背自己的原則。你必須懂得，有時候一個人在公眾生活中身不由己地得與原則相悖。

並非所有參議員都會同意這個看法，但是誰都不否認——連任的欲望會強而有力地限制獨立行事的勇氣。

第三個，同時也是最重要的壓力來源：來自於全體選民，包括利益集團、經濟集團，甚至普通選民。這種壓力會挫傷認真做事的參議員或眾議員的勇氣（實際上本章談到的所有問題對參眾兩院的議員都適用）。要對付這種壓力，抵抗這種壓力，甚至承受這種壓力，都是一樁艱鉅的任務。我們有時候真想仿效加州眾議員約翰．史蒂芬．麥格勞蒂（John Steven McGroarty），他在一九三四年寫信給一位選民：

在國會當議員有無數缺點，其中之一是我不得不收閱像你這樣的傻瓜寄來的唐突信件，你在信中說我曾許諾在馬德雷山脈（Sierra Madre）重新植樹造林，我在國會到任已經兩個月了，卻仍毫無作為。那麼請你自己來做做看吧。要是能一蹴而就，那才真見鬼了呢！

幸運又或者不幸的是，幾乎沒有一個參議員會聽從選民的敦促，但他們卻會被刺激到；不僅因不合情理的來信和無法辦到的請求，還有前後極為矛盾的需求和永遠不會滿足的抱怨。

例如，今天我的辦公室有一個代表新英格蘭紡織廠的代表團來訪（紡織業是與我國的繁榮息息相關的行業），他們要求降低澳洲進口的羊毛原料關稅，提高與他們競爭的英國進口羊毛製成品關稅。我的一位南方同事告訴我，不久前類似的團體拜訪過他，提出了同樣的請求，還敦促他採取以下措施：一、阻止來自日本的低工資競爭；二、防止國會通過提高最低工資標準，維持他們擁有的低工資優勢，以免選民失望。就在昨天，有兩個團體把我從參議院叫走，一個是企業家團體，他們希望地方政府停止對私人企業不公平的競爭活動，另一個在政府機構工作的團體代表，他們則擔心失業。

所有參議員都面對過無數這樣的壓力，這些互相衝突的事例僅僅反映了我們複雜的經濟活動中必然存在的矛盾。如果我們坦率地告訴選民無計可施，他們就覺得我們缺乏同情心或者無能為力。如果我們做出努力但是失敗了（通常是因為代表其他人利益的參議員在阻撓），他們會說我們像其他政客一樣不中用。我們唯有退入國會休息室，伏在表示同情的同事肩上哭泣，或者回家衝著妻子吼叫。

我們或許會對自己說，那些壓力團體僅僅代表一小部分選民——而事實也真是如此。但這些少數人的表達能力很強，他們的觀點不容忽視，而且他們是我們與普羅大眾聯繫的主要對象。這些人的意見我們可能不了解，他們的選票卻必須爭取到，但他們對我們努力去做的事情卻知之有限。（有位參議員在退休後說，他對每一個問題都戰戰兢兢地投票，希望到競選時大多數參議員記住他的好，而公眾絕不知道（更不要說記住）他對公眾福利問題投過反對票。但是大家可以放心，這種看似天衣無縫的做法在他那裡並未奏效。）

於是有良知的參議員會實際面臨到上述那些壓力：他不能無視壓力團體、選民、黨派、同事情誼、家庭需求、擔任公職的自豪、妥協的必要和繼續維持公職生涯的重要性。他必須自行判斷，該選擇哪條路，哪一步措施最有助於或最妨礙他理想的實現。他意識到，一旦他開始以競選連任機會的多寡權衡各個問題時，一旦他開始在一個又一個問題上放棄原則，做出讓步，唯恐不讓步就會妨礙他的大業以及將來為原則進行的對抗時，他已喪失了憑良知行事的自由，繼續任職也失去了正當的理由。但是可以在什麼觀點和什麼問題上冒險，這是一個需要絞盡腦汁才能做出的困難決定。

但是有人會說這不是實質性問題。可以始終按正確的方針去做，別管這個方針是否受歡迎。不要理睬壓力、誘惑和虛偽的妥協。

上述這種答案唾手可得，但是只有那些不曾承擔官員職責的人才會覺得可以信手拈來。因為與答案有關的因素不只是壓力、政治和個人雄心。即使我們能夠並願意忽視選民的要求，難道我們真的能理直氣壯地有權不予理會嗎？我們已經指出使得政治上當仁不讓的精神難以實行的種種壓力，現在讓我們轉向憲法上規定的和理論上闡述的責任和義務——對國家、政府部門、黨派，尤其是選民的責任和義務，那些規定和闡述都對敢作敢為的政治正確性表示質疑。

大多數人認為，參議員的基本責任是代表他的本州發表意見。我國是聯邦制國家，是由若干具有一定主權的州組成的聯邦，各州的需求有很大的差異，憲法規定參議員的責任和義務就是代表他本州的利益。如果麻塞諸塞州自己的參議員不代表該州講話，那麼還能依靠誰？否則該州的權利，甚至身分和形象都得不到反映。

她即喪失了在國會的平等代表權，即便是少數人的觀點都有權獲得平等表達的機會——雖然她的願望也許總是處於弱勢，也終將得不到實現。

每個參議員毋須花費很長時間的觀察就會明白，他的同事都代表各自地方利益。如果為了國家利益而必須放棄該州的利益，那麼只有讓選民（而非參議員）來決定什麼時候該放棄以及放棄到什麼程度。因為參議員只是某個州的選民在華盛頓的代理人，是他們權利的捍衛者，在參議院的副總統眼中[7]，他們就是「來自麻州的參議員」或「來自德州的參議員」。

但是闡述和接受了這一切之後，我們仍然沒有把全部情況闡明。因為在華盛頓，我們都是「美國的參議員」，既是代表麻州或德州的參議員，也是美國參議院的成員。我們的就職宣誓是由副總統而不是所在各州的州長主持的；我們到華盛頓來，用艾德蒙．柏克[8]的話來說，不是為自己本州或地方充當唱反調的大使或高聲呼籲者，或是與其他地區的倡議者或代理者分庭抗禮；而是作為同一個國家裡維護共同利益的審議機構成員。當然我們不應忽視本州的要求，要當好本州的代表並非易事，但是如果讓地方利益完全支配每個參議員，那就沒有一個參議員能夠考慮國家利益了。

除了州和地方利益外，參議員還要盡其他的義務，即所屬政黨的義務，關於黨派的壓力我們已經闡述過。即使我可以不理睬這些壓力，難道我就沒有義務做到與把我推上參議員職位的政黨保持立場一致嗎？在美國，我們相信黨派負責的原則，並且認識到遵守黨綱的必要性（如果打著政黨的旗號對選民具有吸引力的話）。只有這樣，我們這個基本上是兩黨制的國家才能避免黨派林立帶來的隱患。這裡我要再說一句，如果我建議在政治上採用某種格雷欣法則[9]的話，那就是政黨原則的純潔性和堅定性是與黨員人數的增加成反比的。

然而，我們不能允許在每個問題上讓黨員責任的壓力淹沒對個人責任的召喚。政黨在努力維持團結、遵守紀律和爭取成功時，如果決定排斥新思想、獨立行為或離

---

7. 在美國，由副總統兼任參議院議長（但無參議員資格）。參議院共一百名參議員，每州選兩名，任期六年。參議院每兩年改選三分之一席次。
8. Edmund Burke（一七二九～一七九七年），英國政治家、政治思想家，曾在英國下議院擔任數年輝格黨議員。主張漸進式的改革，為保守主義（conservatism）的代表人物。
9. Gresham's Law，指英國女王伊莉莎白一世的財政大臣湯瑪士・格雷欣（Thomas Gresham，一五一九～一五七九年）所提出著名的「劣幣驅逐良幣法則」。

經叛道者，是很危險的。用參議員艾伯特．貝弗里奇（Albert Beveridge）的話來說：

> 一個政黨只有持續謀求發展、不容思想僵化才能生存下去……僅僅為了獲得選票，子承父業地進行繁衍的組織算不上是政黨，而是中國的幫會；也算不上靠信念和良知凝聚在一起的公民團體，而是靠血緣和偏見結合起來的印第安部落。

我國兩黨制之所以繼續存在，不是因為兩黨都拘執刻板，而是通權達變。當我進入國會時，共和黨聲勢浩大，得以留住羅伯特．塔夫特和韋恩．莫爾斯（Wayne Morse）這樣的人物，而我現在服務的民主黨也樂於接納哈利．伯德（Harry Byrd）和韋恩．莫爾斯這樣的人物。

當然，今天這兩大黨都在千方百計地為國家利益服務。為了獲得最廣泛的大眾支持，他們願意這麼做，因為沒有一個理由比國家利益更崇高了。但是在如何為國家利益服務的問題上，如果政黨和公務員產生分歧，我們首先並不是對政黨、甚至對選民負責，而是應對自己的良知負責。

但是忽視地方利益和黨派身分約束的責任比較容易，而直截了當地面對向選民的意志負責則要難一些。規避向選民負責的參議員似乎等於對誰都不負責，因此捍衛我國民主制度的任務可能無人擔當。他不再是真正的代表。他違背了大眾對他的信任。違背了投票選他的選民的信任。正如約翰·泰勒（John Taylor）在首次演講中向眾議員提出的問題：「人類是不是要和造物主分庭抗禮呢？僕人是不是不肯服從主人的意願了呢？」

當他不代表公眾講話，而是發表自己的意見時，怎麼還能認為他代表公眾呢？那麼做，他就不再是公眾的代表，而只代表他自己一個人。

簡而言之，根據以上的思想，如果我打算對選民的意志做出恰當的回應，我的責任就是使他們的原則而不是我的原則高於一切。要做到這一點，也許不是容易的事，但這是民主的本質，是對人民的智慧和觀點的信任。當然人民也會犯錯——他們選出的政府可能一點也不比他們理應得到的好，但是總比人民的代表妄稱說自己比人民更懂得人民利益在哪裡好得多。這種思想最後說，如果人民站在這個代表的位置考慮問題，是不是就不會選他當代表了呢？

關於美國參議員的角色這種狹隘的觀點——假定麻州的人民派我去華盛頓，僅僅像地震儀一樣敏銳地反映公眾輿論的變化，是令人難以接受的。我不能接受這種觀點，不是因為我不相信「人民的智慧」，而是因為這種民主觀念實際上對人民的信任太少了。那些不願讓代議士的責任受到選民約束的人（不管他自己的思考引導他得出了什麼結論），實際上都是相信人民的智慧的。他們相信人民的正義感，相信人民對勇敢的讚美和對判斷力的尊重，相信從長遠來說，代議士將會大公無私地為國家利益辦事。正是這種作為民主基礎的信念，而不是常常落空的希望，才使公眾輿論無論什麼情況，始終能迅速與公共利益保持一致。

簡而言之，選民選出我們，是因為相信我們的判斷，相信我們會站在最符合他們利益（也就是國家利益的一部分）的立場上施展實行這種判斷的能力。這意味著，如果我們打算充分施展自己的判斷力，有時候我們必須引導、闡述、糾正或者甚至忽略選民的意見。但是不帶自私的動機或個人偏見、並按照良知行動的人，不會是貴族政治論者、蠱惑人心者、奸佞怪人或對公眾感受麻木不仁、冷酷無情的政客。他們期待（當然不是毫無不安地）選民對他們的方針正確與否做出最終決斷，但他們相信選民——今日的、明日的、甚至下一代的選民至少會尊重那些鼓勵他們保持獨立的原則。

即使他們的事業由於大量惡言相加的評論、匿名誹謗信和選舉時大量反對票而暫時地或者持續性地受到破壞（有時候情況就是這樣，這正是他們所冒的風險）——他們仍會滿懷希望和信心等待未來的變化，意識到參加投票的公眾經常不適應前眾議員史密斯（T.V. Smith）所謂的「思想方式與生活方式之間」的差距。史密斯認為這一點與下面這首匿名詩裡的情景相似：

曾經有一條獵狗，
從未想過
經過多久它才注意到
自己那條表達情感的尾巴；
所以碰巧的是，
當它的眼睛充滿苦惱和憂慮時，
它的小尾巴卻因為以前的快樂，
仍在搖擺不停。

而且，我懷疑參議員在表決一項議案前，是否能確切地說出大多數選民的看法。我們所有的參議員生活在「鐵肺」[10]政治，要從曲高和寡的環境中擺脫出來，與選民同呼吸，絕非輕而易舉。要親自會見眾多選民（除了追隨政治家的門客和敢於直言者）也很難。在華盛頓，我常以為只要有四十到五十封來信、職業政客和遊說活動家的六次來訪和麻州報紙上的三篇社論就可知道公眾對某個問題抱持怎樣的輿論。然而事實上，我對大多數選民有什麼看法知之甚少，甚至不瞭解他們對於在華盛頓熱議的問題知道多少。

⸙ ⸙ ⸙

今日對政治勇氣的挑戰對比以往任何時候都顯得更加嚴峻。在我們日常生活中，到處顯現出大規模人際交流的巨大壓力，以致任何不受歡迎或不正統的方針政策都會引起一陣強烈的抗議，例如約翰·昆西·亞當斯可能就從未想過他在一八〇七年會遭逢那麼猛烈的抨擊。我國的政治生活變得如此代價高昂、呆板單調，受到職業政客和公關人員的操控，結果希冀獨立發揮政治家作用的理想主義者猛然清醒，深切認知到打好選戰和取得成就的重要性。此外，我國的政治生活越來越關注一個奇怪別名的戰爭——「冷戰」——因而我們往往鼓勵意識形態上牢固的團結一致以及思想方式的正統性。

於是在往後的日子裡，只有為了在與強大的敵人對抗中爭取我們的生存而勇氣十足的人，才會採取執行起來困難和不受歡迎的決策，而敵人的領袖很少考慮他們的方針政策是否得民心，不太需要尊重受他們操縱的公共輿論，更不用怕民意調查時有人報復，迫使公民為了將來的輝煌，犧牲他們現在的歡樂。只有勇氣十足的人才會將個人主義精神發揚光大，發表不同的政見，正是這種精神締造和培育了我們的國家，並且使她在從年輕到成熟的過程中經受住最嚴酷的考驗。

當然，如果大家都能繼續按照傳統的政治模式——像共和黨人和民主黨人的自由

10. 指二十世紀六〇年代美國醫院裡使用的人工呼吸器。甘迺迪以此比喻參議員任期較長，大部分時間在華盛頓安於生活現狀，與企業精英關係密切，而與廣大普通選民接觸太少。

主義和保守主義，北方和南方、管理階層和勞工、企業和消費者或狹隘的立場來思考，事情就會好辦得多。如果我們能和那些受到某些時代潮流、強烈的偏見或群眾運動所左右的同事聯手，事情也可能辦得很輕鬆。但是今天美國不能容忍我們滿足於這種懶惰的政治習慣，只有依靠獨立的判斷、個人的創見，甚至非正統的和非慣常的想法所形成的國家實力、進步與和平變革，我們才能戰勝外國那種害怕自由思想甚於害怕氫彈的意識形態。

將來我們肯定需要做出妥協。但那將是或應當是具體問題上的妥協，而不是原則上的妥協。我們的政治立場可以讓步，但是絕不屈膝投降。我們可以在不放棄理想的前提下解決利益衝突。甚至在有必要做出正確的妥協時，理想主義者和改革家也不會為他們的要求打折扣，他們既要推動成功的妥協，也要防止政治局勢出現蕭伯納（Bernard Shaw）所說的情況：「由於讓步而遭受詆毀，由於投機主義（opportunism）而使政治逐漸衰敗，由於採取權宜之計而使生活變質，由於幕後操控而使輿論言過其實，由於道德淪喪而世風日下。」妥協不一定意味著怯懦。事實上常見的是，妥協者和調解者在反對選民的極端觀點時，政治勇氣面臨極嚴峻考驗。正因為丹尼爾·韋伯斯特在一八五〇年憑良知贊成妥協，所以他遭到了政治上無以復加的譴責。

他的經歷直到今天仍值得我們追憶。所以我認為其他勇敢參議員的經歷同樣值得銘記——這些人對國家矢志不渝的忠誠，超越了所有個人的和政治的考慮，顯示出真正的英雄本色，以及對民主的堅定信念。這些人使得美國參議員不只是一群僅僅盡力複述選民意見的「機器人」，或是一群僅僅擅長預測和追隨公眾情緒、得過且過的人。

接下來將述及的參議員，有些具備正確的信念，另一些則不然。有一些在最後重新受到公眾的歡迎、從而證實他們的行為是正確的，其餘許多參議員則不然。有一些參議員在其整個政治生涯中當仁不讓，勇往直前，而另一些則隨波逐流，直到良知和事件把他們推到風口浪尖時才顯示出有所擔當。有些參議員一身肝膽，不屈不撓地致力於履行絕對準則，另一些則因倡導委屈求全而受到譴責。

無論有什麼區別，本書描述的美國政治家都具有一種英雄品質——勇敢。在後面的篇章中，我將努力闡述他們的一生——他們生活的理想，為之戰鬥的原則，他們的美德和缺點，夢想和失望，他們獲得的讚揚以及忍受的謾罵。這一切應該用文字記錄下來。我們有責任把這一切寫下來，我們也應該好好讀讀這一切。這些參議員的一生中都有些東西是難以用文字充分表達的，卻已經傳到千家萬戶，充實了全國各地每個公民的精神財富。

# Part 1

# Profiles in Courage

## 時代背景

The Time and the Place

我們開講的第一個故事發生於一八〇三年，當時的華盛頓仍無異於尚未開發的農村。傳說法國一位新任使節到了華盛頓環視四周後驚呼：「天哪！我做了什麼要受到這樣的懲罰，被派到這個城市來落腳！」可是在這座尚未竣工的首都，美國參議院已經與一七八九年在舊紐約市政廳裡初創的時候大相徑庭，也與一七八七年憲法制定者原來規劃的參議院天殊地別。

開國元勳們不會想到在參議院任職能表現「政治上的勇氣」，而參議員如與選民的意志背道而馳，有可能損害甚至斷送自己的事業。這些先輩認為參議院與眾議院不同，是一個不應屈從選民壓力的機構。每個州，不管面積大小和人口多少，都擁有同樣人數的聯邦參議員，參議員彷彿是各個自治州政府派往聯邦政府的大使，而不是選民代表。參議員不接受每兩年改選一次；事實上，亞歷山大．漢彌爾頓[1]曾建議給予參議員終身任期。而參議員一屆六年任期的規定即旨在使他們免受公眾輿論的影響。

參議員也不是由公眾選出的，州議會具有委派的職能，人們信賴它代表每個州保守的利益集團，抵制「群眾的愚蠢行為」。制憲會議代表約翰・迪金森[2]說，這樣參議院「由最傑出的人物組成，他們不僅必須地位和財富卓著，而且必須儘量和英國上議院議員相似」。

此外，參議院不完全像一個立法機構，在立法機構提出議案後，公眾接著會對重大問題開展激烈辯論。倒更像一個執行委員會，表決通過人事任命和條約，向總統提供諮詢，不設公眾旁聽席，甚至沒有自己的議事公報。漢彌爾頓說，參議院要撇開地方的偏見，否則它就只是大陸會議（the Continental Congress，美國國會前身）的翻版，在那裡「首要考慮的問題是『這樣一項措施將會如何影響我的選民以

---

1. Alexander Hamilton（一七五五～一八〇四年），美國聯邦黨領袖，財政部部長。一七八七年作為紐約州代表出席在費城召開的制憲會議，在制定聯邦憲法中發揮了重要作用。與別人一起合著出版過《聯邦黨人文叢》（*Federalist Papers*，一七八八年）。
2. John Dickinson（一七三二～一八〇八年），美利堅合眾國憲法簽署人。曾撰寫十二封《來自賓夕法尼亞農民的書信》（*Letters from a Farmer in Pennsylvania*），而被稱為「革命的筆者」。

及……我往後的連任機會』」。

最初二十二位美國參議員於一七八九年在紐約開會時，乍看之下似乎符合憲法制定者的期望，特別是很像英國上議院那般地運作。但由資深的傑出政治家組成群星閃耀的參議院，與眾議院相比，總的來說更加言辭浮誇，注重形式；它的會議室更加精心裝飾，它的成員更加講究衣著和社會地位。參議院不利用常務委員會，通常在密室裡討論問題，私下為華盛頓總統提供諮詢，幾乎成為政府的一個不可分割的部門。

但是正如所有立法機構都必然面對的，美國參議院產生了內部政治：當聯邦黨在外交政策上發生意見分歧，湯瑪斯．傑佛遜[3]從內閣辭職並把自己的追隨者集結起來，參議院變成了批評行政部門的講壇，行政委員會的角色改由幾位與總統觀點一致並直接對他負責的人組成的內閣承擔。其他的先例已讓參議院和白宮產生隔閡。一七八九年，「參議員禮遇慣例」[4]使班傑明．費雪（Benjamin B. Fisher）本當不上薩凡納港的行政長官，因為喬治亞州參議員不接受他。此後不久，參議院專門委員會對政府的政策和行為開展了第一次調查。同年，當華盛頓總統及其國防部長親自與參議院討論《西北印第安條約》（Northwest Indian Treaty）時，參議院不可能再起到行政委員會的作用了，這一點已很明顯。參議員麥克萊（Maclay）等擔憂（他在日記中表達了這種心情）：「總統想騎到參議院的頭上來」，於是謀求把這個條約提交給一個特別委員會處理。麥克萊寫道：

總統極其煩躁地開始行動……又十分不滿地撤出。如果是別人而不是這位我希望視作世界第一奇才的總統這麼做，我會趾高氣揚地怒斥此人。

參議院逐漸承擔主要立法機構的任務。一七九四年，參議院允許在定期舉行立法會議時開設公眾旁聽席。一八〇一年，又同意新聞記者採訪立法會議。一八〇三年，參議院就誰有權進入參議院議員席進行辯論。大家都同意眾議員、大使、政府

---

3. Thomas Jefferson（一七四三～一八二六年），美國第三任總統（一八〇一～一八〇九年），民主共和黨創始人。一七九〇年在華盛頓總統任內為國務卿，一七九三年辭職。一七九七年作為民主共和黨領袖當選副總統，一八〇一年當選總統。任內致力於推動本國資本主義的發展和社會進步。

4. Senatorial Courtesy，美國總統任命的官員須經該官員所在州的執政黨參議員同意，始可取得參議院的批准。

部門長官和州長可以進入，但是能否允許女性進入？參議員萊特（Wright）認為，「女性的出席會給辯論帶來愉悅和必要的活力，使演講者的論述講究品味，態度舉止注意和藹可親」。但是約翰．昆西．亞當斯（人們後來注意到他在這種場合具有清教徒的坦率）反駁說，女性「會給參議院帶來噪音和混亂，為了吸引她們的注意力，辯論可能持續很久」。（接受女性參加的動議以十六比十二遭到否決，儘管這個排斥女性的政策在往後獲得扭轉，可那也是到了現代才接納女性的。）

雖然參議員每天可得到六美元的高工資，他們的特權中還包括使用議員席上很大的銀質鼻煙壺，但是作為第一屆參議院特色的這種貴族氣派，在一八〇〇年華盛頓這個自強不息的小村莊成為美國首都時顯得格格不入，十分彆扭，因為華盛頓的粗獷環境，與紐約和費城充當臨時首都時，參議員所享受過的環境形成鮮明對比。不過參議院議事程序的繁文縟節保存了下來，儘管副總統小艾倫．伯爾[5]本人在一次決鬥中殺死漢彌爾頓後臭名遠揚，他還認為必須要求參議員無論「坐在議席裡吃蘋果和蛋糕」還是在參加討論的人群間走動，都要遵守規矩。約翰．昆西在日記中寫道，他的某些同事的演講「如此信口雌黃，弄得別人只好以『他因喝醉酒而激動不已』來加以解釋」。不過參議院肯定比眾議院保持更多的尊嚴。在眾議院裡，眾議員戴著帽子坐著，腳擱到辦公桌上，還可以看到從羅阿諾克來的眾議員約翰．藍道夫（John Randolf）穿著鞋跟上釘著靴刺的馬靴大步走進來，手裡拿著一根沉甸甸的馬鞭，身後跟著一條獵狐犬，平時這條狗睡在他的辦公桌下；當他開始惡毒地抨擊對手時，也許還會叫喚看門人再端點酒來。

不管怎樣，在我國政府執政頭三十年裡，眾議院雖規模仍小，但可說是一個真正深思熟慮的機構，參議院就相形見絀了。麥迪遜（Madison）說，「作為一個年輕的、渴望提高自己政治聲譽的人，他無法接受參議院的席位」，因為參議院的辯論對公眾輿論沒有什麼影響。許多參議員寧願放棄這種席位去當眾議員，或者擔任州和地方的公務員。參議院經常休會，讓自己的成員去聽眾議院的重要辯論。

參議員麥克萊的日記對早期參議院的情況作了最精彩的記載（如果我們能不計較他某種程度上不合情理的歪曲），他常常抱怨參議院各屆會議枯燥瑣碎，下面一七九〇年四月三日這則日記即為佐證：

5. Aaron Burr, Jr.（一七五六～一八三六年），曾任美國參議員（一七九一～一七九七年）、美國副總統（一八〇一～一八〇五年）。

去參議院開會。閱讀會議記錄，收到美國總統的一則消息。有份報告遞交給議長。我們相互對視，嘻笑了半小時，然後休會。

但是當參議院不再充當行政委員會的角色，而是與眾議院平起平坐地進行立法工作後，人們同樣明顯地看到，沒有一個憲法衛士（不管樹立起來的形象多麼高大）能夠阻止政界和選民的壓力對參議員的思考產生影響。麥克萊覺得厭惡的是，如他所料，他看到了「最卑鄙的自私自利……我們的政府只是一個巧舌如簧、虛與委蛇的組織機構：『你這樣投我票，我也這樣投你票』」。而不是「最高尚的節操、最顯赫的智慧和最典雅的寬容」主導著行動。漢彌爾頓希望排除最激烈的地方偏見，特別是新英格蘭聯邦主義者和維吉尼亞州傑佛遜主義者的偏見，按照黨派的不同發生分化。州議會漸漸對以前受蔑視的「群眾」作出反應，因為參加投票者的財產限制已經取消。它開始把選民的政治壓力透過「指令」轉移到參議員身上來。（在美國，這種手法顯然起源於以前清教徒的市議會，它曾對出席麻州議會的代表發出過「把首都從波士頓這座邪惡的城市遷出」這類指令，要求他們盡可能採取措施

「終止法律職業」和防止債務人「用只能當廢鐵的一大捆生銹的舊槍支」來償還債務。）而有些參議員亦被要求定期回到州議會來，像威尼斯使節一樣彙報他們在首都的代表工作。

這是一個變化層出不窮的時代——在參議院中，從行政治理的觀念上、兩黨制的發展，到民主範圍擴及農村和邊境，甚至全美國都在變。參議員應靈活機動，能跟上或駕馭公眾輿論的變化，能透過提高參議院的尊嚴、而不是依靠立法成就來贏得集體的榮耀——只有這種參議員才能適應這樣的時代。

但是年輕的約翰·昆西·亞當斯，還不是這樣的參議員。

Chapter

# 02

# 約翰・昆西・亞當斯

## JOHN QUINCY ADAMS

1767-1848

"

我對自己因此吃了不少苦頭的那些行動絕不後悔，如果現在有必要，我會在詆毀、被厭惡和免職等種種威脅下，再次那麼做。

I will only add, that, far from regretting any one of those acts for which I have suffered, I would do them over again, were they now to be done, at the hazard of ten times as much slander, unpopularity, and displacement.

"

地方法官不是……人民的僕人，而是上帝的僕人。

*"The magistrate is the servant not ...of the people, but of his God."*

---

當辯論聲嗡嗡響起時，來自麻塞諸塞州的年輕參議員在椅子上坐立不安。滿座一半的參議院大廳，迴響著他的同事、麻州參議員皮克林（Pickering）的叫嚷聲，他正在譴責傑佛遜總統[1]一八〇七年的《禁運法案》。在參議院外面，一月陰沉的雨使華盛頓這個簡陋的村莊陷入一片沼澤中。約翰．昆西．亞當斯在分揀辦公桌上一堆來自麻州的凌亂信件時，發現一封筆跡陌生、未寫回信地址，且信封內只有一張優質亞麻紙信箋。亞當讀了兩遍匿名信，把信箋和信封揉成一團，扔進廢紙簍。信上寫的是：

明亮之星，早晨之子啊，你何竟從天墜落？[2]但願不是不可挽回。呵，亞當斯，記住你是誰。回到麻塞諸塞去吧！回到你的鄉下去。不要幫助破壞你的家鄉！考慮一下後果！醒醒吧，及時醒來吧！

——一個聯邦黨人

一個聯邦黨人！亞當斯痛苦地沉思著這個落款。難道他不是上一任聯邦黨總統之子嗎？[3]他不是在國外為聯邦黨政府的外交服務過嗎？他不是作為聯邦黨人被選進麻塞諸塞州議會，然後進入美國參議院的嗎？現在僅僅因為他把國家利益放在黨派之上，聯邦黨人就拋棄他了。是的，亞當斯想，我沒有像他們所指責的那樣拋棄黨，是他們拋棄了我。

當晚他在日記中寫道：

1. 約翰·昆西隸屬聯邦黨；傑佛遜隸屬民主共和黨。兩黨立場對立。
2. 語出《聖經·舊約·以賽亞書》第十四章十二節。「明亮之星」、「早晨之子」指路西法，墮落之前的撒旦。
3. 約翰·昆西·亞當斯為美國第六任總統（一八二五～一八二九年），聯邦黨人。其父是美國第二任總統約翰·亞當斯（John Adams），聯邦黨人。昆西這個中間名取自其外公約翰·昆西（John Quincy）上校的姓。在其父任總統職時，他擔任過駐荷蘭大使和駐德國大使。

我的政治前途是在走下坡。由於我的任期快要結束，我越來越肯定自己將恢復公民的身分。但是在這件事上，我想我會有充分的心理準備。與此同時，我向傳給我們才智美德的聖靈祈求，讓我繼續為國家提供必要的服務，並且在為國服務時，只為恪盡職責，絕不受其他考慮的支配。

這些話不只表達了一位敢於擔當的參議員感受，而且也是一位清教徒政治家的承諾。約翰．昆西．亞當斯是非凡人物中的傑出一員，這些人都為國家的管理和生活方式留下令人難忘的印記。清教徒總是對世界抱著嚴肅和倔強的態度，就像新英格蘭農村堅固的岩石一樣毫不動搖，進而從使早期的美國也目標明確、一以貫之和獨具個性。約翰．昆西在日常生活的每個方面都認真嚴肅地表現出對上帝的責任感。他認為人是按照上帝的形象創造出來的，因此人同樣可以做到克己自制的非凡要求。清教徒熱愛自由，也熱愛法律。他天生能夠確切地找到國家權利和個人權利得以調和的節點。正如喬治．弗里斯比．霍爾[4]所說，清教徒約翰．昆西及其先輩的智慧表現在：

完全適合進行道德倫理的探討，清楚地認識一般真理，身體力行，永不止步；他們也喜歡提問和爭論，但是敏銳的常識判斷力使他們分析深入，行動有節……他有堅定的目標、高尚和不屈不撓的勇氣、堅韌不拔的意志，這些品格絕不會在敵人、流放、折磨或死亡面前減弱或退縮。

約翰·昆西·亞當斯的這些品格特點，不幸與黨派的陰謀詭計和當時的政治激情很不契合。早在參議院工作令人洩氣的那幾個月裡，他收到的郵件充斥了麻州聯邦黨人對他的謾罵，甚至早在他進入參議院前，他已在日記中提及清教徒進入政界後會面臨的風險：「我深感自己會陷入政治爭論中。但是……我國政治家必定屬於某個黨派，而我寧願只屬於整個國家。」

艾比蓋爾·亞當斯[5]曾自豪地告訴她的朋友，當約翰·昆西還是個孩子時，她和

4. George Frisbie Hoar（一八二六～一九〇四年），美國政治家、共和黨主要創始人之一。

5. Abigail Adams（一七四四～一八一八年），美國總統約翰·亞當斯的夫人，約翰·昆西·亞當斯的母親。她支持丈夫爭取美國獨立的抗爭。獨立戰爭期間，她曾給丈夫寫了大量信件，堪稱當時殖民地人民生活紀實，是研究美國社會歷史的第一手資料。

丈夫直接指導兒子的學習和培訓，當時已經注意到兒子將具有「在內閣或……捍衛國家法律和自由的領域」當領袖的能力。美國人中幾乎沒有一個像約翰・昆西那樣具有天生的優勢：一個響噹噹的名字，一位卓絕群倫的父親（他不斷努力開發兒子的天賦）以及一位非同凡響的母親。事實上，除了那些為人安之若素、波瀾不驚的素質外，他生下來就具有創造幸福成功人生的所有條件。儘管他一生取得了輝煌的成就，他還是不斷沉浸在沮喪感及失敗感之中。雖然他為新英格蘭服務的堅定責任心和傑出才能使他沿著無與倫比的成功之路穩步前進，可是他打從一開始就懷有近乎病態的持續失敗感。

在九歲時，他寫給父親的一封信可以證明他早年缺乏自信和他早熟的思想——

尊敬的父親：

我非常喜歡收到來信，遠遠超過我喜歡寫信的程度。我的作文不好。我的思想過於反覆無常。我想去掏鳥蛋，又想去玩耍或者做些芝麻綠豆般小事，直到自己都覺得不耐煩才甘休。使我安心學習成為媽媽一件棘手的任務。我為自己感到羞愧。我剛剛開始讀羅林[6]寫的《歷史》第三卷，本打算到現在這個時候讀完一半。我決心本週內更加勤奮。我規定自己在一段時間裡務必把第三卷的一半讀完。如果我能堅持不懈，到本週末我的成績又會好一些。我希望父親給我一些關於利用時間的指導，告訴我如何做到學習和玩耍兩不誤。我將牢牢記住您的忠告，並努力做到。

親愛的父親，作為您的兒子，現在我決心要更加好好地成長。

——約翰·昆西·亞當斯

過了三十六年，在擔任過參議員、哈佛教授和美國駐歐洲幾個大國的公使之後，他在日記中仍苦惱地寫道：

6. Charles Rollin（一六六一～一七四一年），法國歷史學家和教育家。

我已四十五歲，漫長人生的三分之二時間過去了。但是我還沒有為祖國和人類發揮什麼作用，沒有給自己人生增添光彩……衝動、懶惰、軟弱和體虛有時候使我突然偏離正確方向，幾乎持續地不想再奮發有為。

最後，在七十歲時，當他因當過得力的國務卿、獨立的總統和善辯的眾議員而名揚天下，但他仍憂鬱地寫道，他的「一生碰到了一連串的失望。我幾乎想不起自己做過哪件事取得了成功」。

然而他自己覺得極其失望的一生，在美國歷史上卻從未被貶低過。約翰・昆西・亞當斯於八十歲在首都去世之前，比我國歷史上任何人擔任過更多重要的官職，參與過更多重要的事件，例如，擔任過駐海牙公使、赴英特使、駐普魯士公使、州參議員、國會參議員、駐俄公使、與英國議和的美國使團團長、駐英國公使、國務卿、美國總統和眾議員。他在美國革命、一八一二年與英國的戰爭和美國內戰前期，都以不同的方式發揮了重要作用。

在他的日記中出現的朋友和同事有：山姆・亞當斯（他的一位親戚）、約翰・漢考克、華盛頓、傑佛遜、富蘭克林、拉菲特、約翰・傑伊、詹姆斯・麥迪遜、詹姆斯・門羅、約翰・馬歇爾、亨利・克萊、安德魯・傑克遜、湯瑪斯・哈特・本頓、約翰・泰勒、約翰・卡爾霍恩、丹尼爾・韋伯斯特、林肯、詹姆斯・布坎南、威廉・勞埃德・加里森、安德魯・強森、傑佛遜・戴維斯[7]和其他許多人。

雖然他是為國服務最有才華的人物之一，他卻幾乎沒有什麼能使人格錦上添花的個人特點。但是他的形象有魅力且高貴：寧折不彎，細緻準確，正顏厲色，評價自己比敵人對他的評價還嚴厲，其正直誠實是我國歷史上主要政治人物無與倫比的，而且他的良知和深切的責任感不斷推動著他前進，父母感到欣慰，他們的榜樣和理念對他產生了影響。

他在政界擔任參議員和總統時的挫折和失敗，是他固執地忽視政治生活的現實情況的必然結果。在美國歷史前五十年中，只有亞當斯這對父子沒有連任兩屆總統。然而他們的失敗（如果可以稱之為失敗的話），真正原因在於他們堅定不移地致力

---

7. 原文姓名依序如下：Sam Adams, John Hancock, Washinton, Jefferson, Franklin, Lafayette, John Jay, James Madison, James Monroe, John Marshall, Henry Clay, Andrew Jackson, Thomas Hart Benton, John Tyler, John C. Calhoun, Daniel Webster, Lincoln, James Buchanan, William Lloyd Garrison, Andrew Johnson, Jefferson Davis.

於他們認為符合公眾利益的事情，以及其同時代人並不具有他們帶給公眾生活的那種高標準道義和公正。

兒子的經歷和父親的經歷並非完全兩不相涉。正如山謬．艾略特．莫里森[8]所說，約翰．昆西「尤其不辱亞當斯家門庭」，不管其政治多麼困窘，他對父親感人至深的關愛以及父親對兒子的忠心耿耿，使原本艱難冷酷的現實有了一絲暖意（「這是一個多麼了不起的家庭！」聯邦黨領袖哈里森．奧蒂斯（Harrison Otis）在後來寫道，「我認為他們超群絕倫，種種表現都顯示出才能和美德以及激情和執著的結合，因而能戰勝對手，也使朋友相形見絀。」）在親密無間的清教徒家庭裡，約翰．昆西在母親的教誨下，以大名鼎鼎的父親為榜樣；在擔任參議員期間，每當同事和朋友在每件事上都不與他同舟共濟時，只有從父親那裡他可以得到支持和贊同。

甚至在老亞當斯逝世後，約翰．昆西仍對父親念念不忘，感人至深。當他在傑佛遜著作中讀到了三十五年前父親與傑佛遜互為政敵時寫的信件（後來他倆才恢復了過往的友誼），他對傑佛遜的背信棄義行為怒不可遏。「傑佛遜對我父親的所作所為，」亞當斯在日記中寫道，「可謂口是心非、陰險奸詐、虛情假意，令人無法容忍。」在經歷人生風華正茂的階段之後，約翰・昆西尚未理解我國複雜的聯邦審查和平衡制度是如何運作的，也沒有見識到他所謂傑佛遜的「陰謀詭計」只不過是傑佛遜成功執政治國的天才表現。

約翰・昆西未能看清政治生活的現實，這在他開始當美國參議員時就顯而易見。那些年他在生活中既沒有取得什麼大成就，也沒有特別重要的貢獻。然而他在美國參議院服務一個任期，使我們清楚地看到一個人的命運，這個人已為公共服務投入了自己傑出的天賦、受人尊敬的名譽和實現正義事業的非凡抱負。幾乎沒有任何人的經歷能像他的一樣。這說明了即使擁有這種不尋常的條件，也不一定能在美國政治生活中旗開得勝。

在父親競選總統敗給傑佛遜之後，他結束了在國外的外交工作返回波士頓，自然而然地開始積極參與父親所屬政黨的事務。他讚揚聯邦黨人是憲法締造者、加強海

8. Samuel Eliot Morison（一八八七～一九七六年），美國海軍歷史學家。

軍實力的支持者以及抵禦法國革命影響的強大堡壘。

這位年輕的前外交官以聯邦黨人身分當選為麻州議員，就對狹隘的黨派性大膽地表示蔑視（一八〇二年八月，他未諮詢任何資深同事意見、僅僅在成為州議會新成員之後四十八小時，就提出了動議：共和黨人〔傑佛遜共和黨人或稱民主共和黨人〕應在州長的政務委員會中有一定比例的代表。後來亞當斯回憶說，這種不代表任何一個黨派的獨立行事風格「標誌著從此以後，我的全部公共服務一直受到此原則的主導」。）

接著在挑選小亞當斯進入美國參議院時，他的州議會同事也許以為，給予像他這樣比較年輕的人當聯邦參議員的榮譽可以幫助他記住對所屬政黨應盡的義務。但是州議會一方面幫助年輕的約翰·昆西向實現為國服務的願景走近一步，另一方面也開始粗野地打破他的夢想，在他的道路上設立許多令人不愉快的障礙。緊接著在他當選之後，妒賢嫉能、與他誓不兩立的皮克林也當選上參議員（此前，約翰·昆西的父親解除了其國務卿職務），填補一個臨時空缺，成為亞當斯的同事。約翰·昆西明白，參議員皮克林是一個鼎鼎大名而強大的聯邦黨人，能把其他聯邦黨參議員對老亞當斯總統所懷有的全部厭惡和懷疑，都灌輸給小亞當斯的年輕同事。約翰·昆西也不期盼傑佛遜的共和黨參議員的同情，這些人最近投入一次極力反對他的父親以及父親同意的外僑法和懲治煽動法（the Alien and Sedition Laws）的運動。約翰·昆西在日記中寫道：「現在特別需要的思想特質是堅定、堅持、耐心、冷靜和寬容。」所以像清教徒紳士一樣，他前往華盛頓赴任時，決心在待人接物方面，要達到他已定下的自律標準。

到達華盛頓後，亞當斯立即忽視與政黨的隸屬關係以及新議員慎言少語的慣例。儘管家人生病讓他未能準時參加對傑佛遜總統購買路易斯安那土地的條約表決，但他一到之後就成為在參議院裡唯一積極支持史無前例的購買土地行動的聯邦黨人，並且投票贊成撥款一千一百萬美元購買，從而在參議院掀起辯論風暴。他的民主原則也使他竭力要求政府採取措施，對路易斯安那購入地居民進行治理和徵稅，引起他同事們反對。但是，當他想像美國面積將可能延展到美洲大陸的盡頭時，他認為傑佛遜把拿破崙趕出美國並使美國日益富裕這種了不起的功績，比聯邦黨同事對他的憤怒和震驚重要得多。那些人主要關注維護新英格蘭地區的統治，擔心向西部擴張可能削弱東北部商業城市在政治和經濟上的影響力，降低他們重視的東部地區經濟重要性，並且可能使傑佛遜一派在國會長期占多數。這位來自麻州的年輕聯邦黨人，彷彿想實地考察傑佛遜一派的態度，竟然去參加這派人慶祝購買路易斯安那土地取得成功的宴會，這個舉動無異於對本已怒不可遏的聯邦黨人火上加油了。

「主餐很差勁，乾杯次數太多。」那天晚上亞當斯在日記中索然無味地發牢騷說道。但是即使這次宴會令他回想起波士頓最佳餐館的菜餚，也難以說明他的出席有什麼必要，倒是他的聯邦黨朋友把出席這次宴會看作他背信棄義的鐵證。

「這個該死的小夥子，看，他在學父親這個老畜生的德性哪！」希歐多爾·萊曼（Theodore Lyman）這位傑出的聯邦黨人如是寫道。他在皮克林與參議員亞當斯爭吵時曾站在皮克林一邊。但是年輕的約翰·昆西認為，家中只有一個人——約翰·亞當斯——的意見比他的有份量。所以他焦急地想聽聽父親的看法。一八〇四年初，他從父親這位資深政治家所得到的安慰，抵消了他遭到聯邦黨的全部謾罵，「我並不反對你在購買路易斯安那這件事上的做法，」約翰·亞當斯寫信給兒子說，「雖然我知道這件事在北方各州將成為非常不得人心的話題……我還是認為你做得對。」

年輕的亞當斯在日記裡總結了他在參議院頭幾個月的情況：

我已經碰到在一些場合如果堅持自己的原則，就會冒重重風險的情況，這早在我的充分預料之中。國家已經完全屈從於政黨意志，以致誰若是不盲目地追隨這個或那個黨將是一種必受懲罰的罪過。在（國家和黨）兩者之間作出選擇的話，我明白若按自己的良知支配行動就不可能不犧牲前途，不僅僅難以再上一層樓，而且連已經享有的名聲和特質也保不住了。然而我已做出選擇，如果我不能指望做得使國家滿意，我決心至少應當認可自己經過慎重考慮去做的事情。

擁有亞當斯這個值得自豪的姓氏不會妨礙（也許倒會加速）年輕參議員逐漸成為少數派。即使他的政治觀點能更得人心，他個人的習性仍會使他難以與別人結成親密聯盟。他畢竟「脫不了亞當斯家的氣質……冷落寂寞，不設城府，過分認真」。約翰．昆西是一位威望不高的父親之子，是聯邦黨的變節者，但作為一名新參議員，又顯得相當自以為是，既不主動謀求、也不可能有幸獲得政治聯盟或影響力。

僅僅進入參議院十天，他就已得罪了前輩，並且，由於他反對一項要求參議員佩戴黑紗一個月以紀念三名最近去世的愛國者的普通決議，立即引發了三小時的辯論。他有點唐突地爭辯說，即使不違背憲法，在參議院「遷就關於人物聲譽的不恰當討論，遷就合法公民完全陌生的辯論」，如此做出的決議也是不合適的。接著他使同事覺得震驚的是，他想取消自己參加一場彈劾聽證會的資格，當眾議員時他曾投票贊成這項彈劾決議，而投贊成票的眾議員都有資格參加聽證會。然後，為了顯示他執著的思想獨立，他單槍匹馬地反對把任何華而不實的動議列入議程，因他認為這種動議提出的唯一目的是要在報上報導參議院有所作為，但實際上卻都不會去履行。

如果說聯邦黨覺得他們對這個「小夥子」的不喜歡已遠勝於對他父親的厭惡了，那可以肯定聯邦黨對約翰·昆西的青睞也已蕩然無存。約翰·昆西對聯邦黨越來越不屑一顧。作為一生中大部分時間在國外生活的美國民族主義者，他為國家利益效勞絕不會屈從於黨派、本州和親英的狹隘觀念[9]——這種觀念當時正支配著新英格蘭的第一大政黨。他以前在州議會的同事曾公開指責他忘恩負義的行為，「像馬基維利（Machiavelli）那樣詭計多端」。但是他寫信給母親，他覺得作為一名參議員，他能恰如其分地判斷出麻州的最大利益是什麼，「如果聯邦主義（Federalism）涵蓋尋求英國海軍幫忙作為我國自由的保障，那麼我必會在政治上離經叛道」。

一八〇四年前後許多參議員藉由在選民中樹立個人的顯赫聲譽，克服被黨魁稱之為「政治變節者」所造成的負面影響。十九世紀初，成年男子普遍擁有選舉權，設法取得廣大選民的擁護越來越可能辦到。但是約翰・昆西沒有這麼做。他在參議院的一位同事說，亞當斯把每一項擺在他面前的公共措施看做是古希臘數學家歐幾里得（Euclid）提出的抽象假設，絕不受政治訴求的約束。他不同意當選代表的責任「就是接受選民意志的制約」，他不願透過當一個他稱之為「專職愛國者」，假裝「特別關懷人民，奉承他們的偏見，順從他們的愛好和遷就他們善變的意見」等途徑取得成功。他的指路明燈是他父親多年前所奠定、關於清教徒政治家品行的準則：「地方官員不應為一己私利、甚至也不應為選民而唯唯諾諾，而應為上帝而獻身。」

如果約翰・昆西今天還在參議院服務，我們都會欽佩他的勇氣和決心。我們會

9. 聯邦黨主要支持者來自美國東北部新英格蘭地區及南方富有農民。其立場與支持向英國開戰的民主共和黨不同，聯邦黨人反對參與歐洲戰爭。

尊敬他沒有黨派或宗派傾向的處事方法。但是我不能肯定，大家會不會喜歡他這樣的人，顯然他的許多同事，無論左翼還是右翼，都不會喜歡。他與所有政黨疏遠，而且處於由他激起的對立情緒中，讓他獨立且具有學術造詣的觀點因此失去了影響力。他的日記透露出這位年輕參議員不是完全沒有察覺到自己在政治上越來越孤立。他抱怨：「除了進行毫不奏效的反對之外，我無所作為。」「我已看得很清楚，我提出的任何修正案都肯定不會在參議院通過。」「我深信這種提案會招來嚴厲的批評和公開的譴責。」他也提到那些人「對我的憎恨遠比對原則的熱愛更強烈」。亞當斯對皮克林蔑視他的態度尤其憤憤不平，認為他的同事「完全拋棄了正確的原則，僅僅依靠權宜之計」。

但是直到一八〇七年，聯邦黨和亞當斯之間的分歧才變得無法彌補，大多數選民和黨魁都譴責亞當斯。最終在美國外交政策問題上自然分道揚鑣。由於美英關係的惡化，英國巡洋艦擄掠我們的船舶，沒收我們的物資，「強徵」我們的海員入伍，迫使他們以所謂英國臣民的身分到皇家海軍服役。成千上萬名美國海員被有組織地帶走了，不少船舶因為缺乏海員而在海上失蹤，能夠證明「自己是美國公民的海員也經常得不到回國的許可」。亞當斯的愛國激情油然而生，自己的船舶遭到襲擊的聯邦黨商人竟然斷定與英國綏靖是解決問題的唯一辦法，他對此感到氣憤。他的聯邦黨同事還含糊其詞地說，英國在與法國交戰時困難很多，而我國對法國的態度十分友好，他們試圖以此說明英國的侵略行徑是合理的。亞當斯毫不掩飾地蔑視這種態度。一八〇六年他提出並推動國會通過一系列譴責英國侵略美國船隻、懇請總統要求英國歸還或賠償被沒收船隻的決議；他在日記裡寫道，對他來說這是一次非同尋常的經歷，因為他的努力取得了成功。當然，聯邦黨人曾一致反對他提出的措施，正如他們反對亞當斯支持限制英國商品進口的議案一樣。實際上，現在亞當斯成了一個無黨派人士。

最後，在一八〇七年夏天，在維吉尼亞海岬，美國小型護衛艦「切薩皮克號」拒絕英國皇家海軍軍艦「豹號」上船搜捕以及交出四名英國聲稱是其臣民的海員，於是立即遭到英國軍艦「豹號」的炮擊，造成多名美國海員傷亡。怒火中燒的亞當斯認為，不管你有黨派還是無黨派，採取措施以對付不可容忍的侵略的時刻已到來。他懇求地方聯邦黨官員在波士頓召開全鎮大會，抗議英國人的炮擊事件。但他的懇求被駁回，而且一位著名的聯邦黨人甚至為英國「豹號」炮擊事件辯護，更使他義憤填膺。但是他發現這一週在州議會大廈，民主共和黨舉行了類似的群眾抗議集會，鬱鬱不歡的他稍感安慰。

聯邦黨的刊物《資訊庫》（*Repertory*）告誡其忠實的黨員，這種會議不過是「不正規和亂哄哄的起訴方式」，「任何一個體面正派的」聯邦黨人都不應參加。但約翰・昆西去參加了民主共和黨的集會。儘管他不肯充當調停者，但他在為會議團體起草戰鬥性決議時起了關鍵作用，該決議向美國總統保證用與會者的生命和財產支持「政府做出的任何嚴厲措施」。

這一回聯邦黨對亞當斯大為惱怒。儘管他們急忙召開正式的全鎮會議，假惺惺地向總統保證他們的支持，但他們公開表示，由於約翰・昆西公然與民主共和黨結合在一起，所以他須「為自己的變節下地獄……而且不應再認為他和聯邦黨還有什麼關係」。約翰・昆西後來說，正是這件事「使我從那天起永遠與聯邦黨委員會格格不入了」。

一八〇七年九月十八日，傑佛遜號召國會實施禁運（實際上禁止了全部國際貿易）以報復英國，這個措施對於主要從事商業的麻州來說顯然是場災難，在這個時候，正是麻州的約翰・昆西從參議員席位上站起來，要求把這項議案交給專門委員會研究，後來他被任命為該委員會主席。他彙報過關於《禁運法》（the Embargo

Bill）和他自己提出阻止英國船舶進入美國海域的法案的研究結果。

當專門委員會完成任務，委員們走向參議院時，年輕的亞當斯對一位同事說：「建議採取這種措施有可能讓你我付出丟掉參議員席位的代價，但是個人利益絕不可放在公眾利益之上。」

他的話一貫具有預示性。在他的推動下，《禁運法》通過立法時，在麻州引起激烈的抗議，簡直令人想起波士頓茶黨進行抗議的那些日子。這個州停泊著大量美國商船隊，實際上全美國的造船業和捕漁業集中在那裡。《禁運法》使得造船業完全癱瘓，破壞了海運貿易，使捕魚船隊停航。在該州，停滯、破產、蕭條和外移現象比比皆是。無論是商人還是海員都不信這個法令的實施是為了他們的利益，甚至新英格蘭地區農民也發現農產品在市場上過剩，出口管道已經關閉。

聯邦黨領袖堅持認為，《禁運法》是傑佛遜破壞新英格蘭地區的繁榮、挑動英國開戰和幫助法國的一種圖謀。即使新英格蘭地區共和黨人拒絕捍衛他們總統的法案，聯邦黨人已在這個問題上大大得分，並在麻州參眾兩院重新成功地掌權。關於該州可能脫離新英格蘭的議論開始不絕於耳。

但是，不管他們多麼厭惡傑佛遜及其《禁運法》，麻州聯邦黨人、商人和其他公民對他們的參議員倒向對手營壘的傷心，遠遠超過對於對手民主共和黨地位削弱的歡欣。北安普敦的《罕布夏公報》（*Hampshire Gazette*）嗤之以鼻地說：「我們聯邦黨內一個專食腐肉的動物，一個野心勃勃、『水陸兩棲』的政客，經常在水陸兩處興風作浪，可是最後陷入泥潭，難以自拔。」《賽林公報》（*Salem Gazette*）說，亞當斯是一個「沽名釣譽者……總是討好政治占上風的黨派」，而且是屬於「拿破崙手下的參議員」那種人。《格林菲爾公報》（*Greenfield Gazette*）稱他為「事關毀壞他父親品質的」變節者。在波士頓社交圈裡的人——有錢的、有教養的或有勢力的——全都反對他。波士頓一位領頭人物在拒絕參加亞當斯將會出席的宴會時說：「我不願與那個變節者坐在同一張桌。」聯邦黨有位領袖幸災樂禍地寫信給住在華盛頓的聯邦黨忠貞黨員說：「平日亞當斯走進政府街時，根本沒人理睬他。」

約翰．昆西現在是形單影隻——不過還沒有成為孤家寡人。「在波士頓和州議院，我的朋友完全拋棄了我，」他寫信給母親說，「可是我的父親和母親沒有隨波逐流，棄我不顧，這是我最最感謝上帝的一件事。」因為當他家鄉所在的州第一次對他大加撻伐，毫無憐憫地責罵時，約翰．昆西又一次求助父親，傾訴自己的感受。父親回答說，他兒子的處境是「明明白白，顯而易見」的：

你得不到任何黨派的支持，因為你的內心太坦誠，思想太獨立，才能太突出；凡是受到黨的座右銘或情緒支配的人不會真正信任你……你得相信自己的命運就此註定了……你應當知道並料到這樣的命運，絕不要後悔，我勸你穩步地實行你現在的路，但是要克制和謹慎，因為我認為你走的是一條正義之路。

然而在前總統原支持者的眼中，他兒子的英勇行為使得整個亞當斯家庭遭人詬病。「沒有人懷疑他的變節，」紐約州眾議員加德納（Gardenier）大聲說道，「要是這家名門望族在二十年前就已敗落——一蹶不振——該多好！」但是父親和兒子，大小亞當斯站在同一陣線。「資助者譴責你不是聯邦黨人，」他的父親寫道，「我希望他用同樣的方式譴責我，因為我早已拋棄這個黨派的名稱、性格和特徵，至今初衷不改。」

由於父親的支持——在這場對抗中，約翰．昆西是站在曾經戰勝他父親而當選總統的這一邊，他保持了堅守原則、不屈不撓的立場，這方面他成了清教徒的榜樣。在波士頓有一位十分關心政治的牧師貿然上前向他搭訕，而後「粗魯無禮地」攻擊他的觀點時，「我告訴他，考慮到他的年齡，我只想說他必須吸取一個教訓——基督教應以慈善為懷。」當他的同事皮克林在麻州散發好幾萬封致州議會要求譴責他的公開信時，他巧妙地寫了一封回信，批評聯邦黨囿於黨派，落伍於時代，不愛國，他堅持認為戰爭與和平這種重要問題不能根據「地理位置、黨派偏見或專業眼光」來判斷，並駁斥皮克林逢承敵人的謬論：「儘管英國千餘艘軍艦可能毀掉我國的貿易，可是實際上英國沒有對我們造成根本性的傷害。」

由聯邦黨人控制著的州議會於一八〇八年五月底開會，正如麻州共和黨州長給傑佛遜總統的信上所說，開會目的只有一個，「就是要在政治上，甚至個人聲譽方面催毀約翰·昆西·亞當斯，」一旦兩院安排妥當，州議會立即選舉亞當斯的接班人，可是此時離約翰·昆西卸任還有九個月啊！接著，下一步的安排，州議會又通過決議，指示全體參議員敦促廢除《禁運法》。

亞當斯意識到，「這次突然改選是以專門污衊我為唯一目的。按照正常的程序，州議會本該到冬季才開會」。他覺得，州議會的決議「責令參議員遵循的行動方針，是我的判斷不會同意，我的思想也不會允許的」。

他可以憑良心走下去的路只有一條——辭掉參議院裡的席位，以捍衛把他父親從總統座位上趕下來的傑佛遜的政策。他寫道，「如果我擁有參議員席位，但不受自己的是非觀念所支配，來運用這個專門機構具備的最大自由權」，對他來說是「辦不到的」——

我唯一要補充的是，我對自己因而吃了不少苦頭的那些行動絕不後悔，如果現在有必要，我會在詆毀、被厭惡和免職等種種威脅下，再次那麼做。

但若他本人在參議院的選票對於挽救傑佛遜的外交政策十分必要，亞當斯寫信給批評他在關鍵性時刻離開參議院的人說，「儘管我十分尊重選民的權威性，儘管違抗他們公開表明的意志極其痛苦……我仍會留下來為捍衛選民的利益而反對他們的意向、招致他們對我進一步不滿；以使選民免於被他們自己的謬見牽著鼻子走」。

由於受到聯邦黨人的仇恨和共和黨人的懷疑，約翰·昆西·亞當斯只能去過私人清閒的生活。不久他時來運轉，星光重新閃耀；但是他永遠忘不了這件事，也從來沒有放棄過憑良心做事的勇氣。（據傳約翰·昆西在總統任期內，仍保持政治上獨立。丹尼爾·韋伯斯特針對約翰·昆西·亞當斯總統祝酒時說過的「但願敵人陷入一片混亂中」這句話，冷冰冰地評論道：「同樣他已經使朋友也陷入了混亂。」）

一八二九年亞當斯退出白宮後不久，普利茅斯區選民希望他到國會擔任他們的代表。他不顧家人和朋友的勸告，也不考慮利用清閒時間為他父親撰寫傳記的打算，同意一旦選上就接受代表職位。但是他特別聲明：第一，絕不要指望他進一步爭取當什麼候選人和拉票；第二，他將完全獨立於黨派和選民的意志在國會復職。在這些前提下，亞當斯以壓倒性多數當選，在眾議院任職直到去世。在眾議院這段時期，他寫下了自己歷史上也許最輝煌的篇章。作為一個「雄辯老人」，他以顯赫的聲望和不懈的努力，獻身於反對奴隸制的抗爭。

由於超然的獨立性而得以回到在二十二年前很不體面地離開的國會，對這個當仁不讓的前參議員來說是一段令他感慨萬千的經歷。「我是第二十二屆國會的當選議員，」他自豪地在日記中寫道，「從來沒有一次選舉或任命使我感到這麼大的快樂；我當選為美國總統也沒有像這次當眾議員如此由衷地感到欣慰。」

Part

# 2

## Profiles in Courage

## 時代背景

★ The Time and the Place

嚴重的危機造就偉大的人物和英雄事蹟。眾所周知，美國除了一八六一年南方和北方最終爆發同胞自相殘殺的內戰外，沒有發生過更為重大的危機。因此，雖無意輕視美國歷史上其他時期，但任何相關的作品都不會忽略發生在內戰以前的數十年間、具有決定性影響的三樁需要非凡政治勇氣、對最終維護美利堅合眾國統一至關重要的事件：前兩樁事件涉及德州參議員山姆·休士頓（Sam Houston）和密蘇里州參議員湯瑪斯·哈特·本頓（Thomas Hart Benton），這兩個人在各自的州裡擁有政治控制權許多年，得到的回報卻是失敗。第三樁事件則關於麻州參議員丹尼爾·韋伯斯特（Daniel Webster），在他做出重大決定後的兩年內，死神已然到達他面前，也未能停止敵人對他的大量誹謗，他臨終的日子都不得安寧。

絲毫不令人驚訝的是，在這反覆發生危機的十年，團結美利堅合眾國的一些紐帶接二連三地突然斷裂，危機讓我們的政治領袖表現出最好的一面，正如有人也表現出最差的一面。所有身居要職的公務員都需要在「維持對國家的忠誠」和「對他們的州或地區的忠誠」之間做出抉擇。北方的廢奴主義者（the Abolitionists）和南方的好鬥分子（the fire-eaters）都深信各自志業的正確性，所以這兩個陣營的大部分人覺得抉擇很容易。

但是對於那些對自己本州和祖國都同樣忠誠的人來說，對於為了推遲或完全消除戰爭陰影而尋求妥協的那些人來說，這種抉擇是痛苦的，因為最終的抉擇需要他們打破原來的忠誠和友誼，面臨政治上不光彩的失敗。

南北方較量的戰場就在美國參議院內。南方面臨北方人口的逐步增加（這從眾議院北方代表日益占多數可以看出），從而認知到要維繫南方的權力和威望，唯有寄望於參議院。新的州加入美利堅合眾國，持續威脅著自由州和蓄奴州、農業地區和工業地區之間不穩定的平衡，於是，「允許新州加入聯邦」成為十九世紀上半葉參議院激烈辯論的核心問題之一。

一八二〇年，亨利·克萊[1]第一次促成的巨大妥協，是參議院通過一項同時接受緬因州（自由州／非蓄奴州）和密蘇里州（蓄奴州）加入合眾國的法案。在一八三六年和一八三七年，阿肯色州和密西根州；一八四五年和一八四六年，佛羅里達州和愛荷華州都通過立法、雙雙同時進入合眾國。但是一八五〇年幾乎充滿了妥協，因為美國從墨西哥戰爭[2]獲得大片新土地，加速關於奴隸制的爭論。全國人民的注意力集中到參議院，特別是集中到美國歷史上三位最能幹的國會領袖——克萊、約翰·卡爾霍恩（John Caldwell Calhoun）和韋伯斯特身上。其中只有韋伯斯特像本頓和休士頓一樣，在他們熱愛和捍衛的州裡受到憤怒選民的公開羞辱以及政治上失敗的難堪。我們將會看到韋伯斯特、本頓和休士頓的勇氣，但是若要瞭解使他們當仁不讓的時代，我們首先要瞭解參議院另兩位豪傑的領導才能——亨利·克萊和卡爾霍恩，他們與韋伯斯特一起形成了美國參議院歷史上最了不起的三人集團。

來自肯塔基州的亨利·克萊，勇敢大膽、獨斷專行、富有魅力，態度暴躁但卻能牢牢吸引別人，曾使一位對手拒不參加可能會被這位「西部哈利」（Harry of the West）吸引的會議。對於林肯（Abraham Lincoln）來說，「他是我理想的朋友」，對於有些狂熱、有些天賦、來自羅阿諾克的約翰·藍道夫（John Randolph）來說，他「這個人既傑出又墮落，好像月光下腐爛的鯖魚，閃閃發光卻惡臭難聞」，也許這是個人辱罵記錄史上最令人難忘和最惡毒的話了，甚至與他較勁了許多年的約翰·卡爾霍恩也受不了他天馬行空的思想：「我不喜歡亨利·克萊，他是一個壞蛋，一個騙子，一個詭計多端的策劃者，我不願同他講話，可是天哪，不知怎麼的，我愛他。」

除了約翰・卡爾霍恩，也有別人愛他。像查理斯・詹姆斯・福克斯[3]一樣，他對生活充滿了無限的熱愛，並且具有持久贏得男女同胞之心無與倫比的天賦。他還沒到達憲法規定的三十歲就被選入參議院，此後又進入眾議院，在他三十五歲時，又即刻當上了眾議院議長，在此之前或之後，從未有人擁有這樣的經歷。

---

1. Henry Clay（一七七七～一八五二年），美國政治家。一八一一～一八二〇年、一八二三～一八二五年任國會眾議院議長。一八二〇年國會討論密蘇里是作為蓄奴州還是自由州加入聯邦時，他對達成密蘇里妥協案起了很大作用。一八五〇年加利福尼亞加入聯邦問題又在國會中引起爭論，又是他從中撮合，使之達成妥協案。所以有人稱他為「偉大的妥協者」和「偉大的調停者」。
2. Mexican War，指美國與墨西哥在一八四六年五月到一八四七年九月進行的戰爭。一八四五年美國吞併墨西哥的德克薩斯後不久，墨西哥與美國斷絕關係，並拒絕進行美墨邊界談判。一八四六年五月美國對墨宣戰。一八四七年九月墨西哥首都陷落導致這場戰爭結束。一八四八年二月二日簽訂《瓜達盧佩－伊達戈和約》（Treaty of Guadalupe Hidalgo）。墨西哥把現在的新墨西哥、猶他、內華達、亞利桑那和加利福尼亞等州幾乎全部領土有償割讓給美國。
3. Charles James Fox（一七四九～一八〇六年），英國政治家，擔任過英國歷史上第一個外交大臣、輝格黨下議院領袖等職。推動國會通過《誹謗法》，保障公民正當權利，也力促過國會取締奴隸貿易的法令。

亨利．克萊雖然不像韋伯斯特和卡爾霍恩那樣知識淵博，但對於美國的未來，卻比這兩位更加高瞻遠矚。所以在一八二〇年、一八三三年和一八五〇年，他宣導、推動並左右勉為其難的國會做出三次重大妥協，讓聯邦的統一狀態得以維持至一八六一年，那時北方的力量已足夠強大，任何想要脫離聯邦的企圖都註定會失敗。

三人集團中的第二位，也許是最非凡的一位，是來自南卡羅來納州的參議員約翰．卡爾霍恩，他的頭髮短而粗硬，眼睛炯炯有神像熊熊炭火，按照英國老姑娘哈里埃特．馬蒂諾[4]的說法，他是一個「鐵打的漢子」，「看上去就不像凡人，也好像永遠不會老似的」。儘管有這樣的外表，但總歸是人所生下來的——卡爾霍恩生於一七八二年，與韋伯斯特同年，比克萊小五歲。他身高六英尺兩英寸，畢業於耶魯大學，二十九歲當國會議員，在國會屬於鷹派，與亨利．克萊一起推動美國於一八一二年對英國開戰。他是一個民族主義者，但在十九世紀二十年代，當關稅開始對南卡羅來納州的農業經濟造成壓力時，他又變為地方主義者。卡爾霍恩頭腦冷靜，思維嚴密、專注有效。韋伯斯特認為他是「參議院裡最能幹的人」，事實上是他在一輩子公共服務生涯中所見到過的最了不起的一個。韋伯斯特說：「從邏輯能力上說，他比牛頓（Newton）、約翰．喀爾文（John Calvin）甚至約翰．洛克（John

Locke）都強。」

他的演說沒有冗詞贅語，而且慎重克制，在參議院演說完畢後，還會發表於報刊專欄。奇怪的是，他外表看上去很狂熱，特別在晚年，實際上卻有著無限的魅力和個性。他在南卡羅來納享有能言善辯的美譽，對於不理解他的仗義執言的人，總是曉之以理、動之以情，能把他們爭取過來。南方的人們對他的喜愛逐漸增加，一八五〇年大辯論時期他的辭世引起廣泛哀悼。

卡爾霍恩認為，制憲會議沒有把政府權力收歸國家，「當國會逐漸縮小各州的權力和自由時」，完全自治的州仍保留著「審判權」……

與其他南方人一樣，他認為西部的地理和氣候使得奴隸制在許多想要變為州的地方不可能盛行，他們只能指望在西南部確保新的蓄奴州的地位，並且控制從墨西哥奪取過來、由地方派出的參議員，才能抗衡西部各州釋奴的洶湧浪潮。一八五〇年

---

4. Harriet Martineau（一八〇二～一八七六年），英國社會、經濟、歷史學作家。因患多種疾病，終身未嫁，主要作品有《孔德實證哲學的節譯》、《政治經濟學的解釋》、《釋濟貧法和貧民》、《稅法解說》、《西元一八一六～一八四六年三十年和平的歷史》等。

克萊的妥協，為的是消除南北方關於從墨西哥奪取之地的最終命運問題上的分歧，所以具有深遠的重要意義。

各種力量的衝突和分裂，增長和衰退、優勢和弱勢，到一八五〇年達到了高潮。一八五〇年華盛頓政治舞臺上的三位主角從一八一三年起就是國會裡的同事，當時他們都年輕，充滿自豪、激情和希望，前途無量。近四十年後，儘管生命已夕陽西下（因為他們都在兩年內相繼離世），青春活力和夢想也煙消雲散，他們卻又一次走到了政治舞臺的中央。

然而他們不是孤軍奮戰。無論參議員湯瑪斯．哈特．本頓，還是參議員山姆．休士頓，都在這三個同事的威名之下黯然失色。他們每一個人的生平都具傳奇色彩，而且分別主導著密蘇里和德州這些具有戰略性邊界的州，當聯邦在慢慢分裂時，他們每個人的選擇都會影響結果。

這種情況之所以沒有在一八五〇年而是在一八六一年出現，很大程度上要歸因於丹尼爾．韋伯斯特，他在使美國接受亨利．克萊的妥協方案上發揮關鍵的作用。他支持妥協的原因和影響，以及他為此遭到的詬病，將在接下來的第三章詳細闡述。

密蘇里這個主要的邊沿州[5]沒有在一八六一年參加南部邦聯[6]，主要因為人們堅守了原參議員湯瑪斯．哈特．本頓的主張。沒有人比參議員本頓為維護合眾國的統一有更大的貢獻。本書第四章闡述了他的努力和命運。

德州雖然加入了南部邦聯，但是經歷了一場使參議員休士頓在年老時折戟沉沙的爭鬥。第五章即要講述他的故事。

5. Border States，美國南北戰爭前與北方一些禁奴州接界的德拉瓦、馬里蘭、肯塔基和密蘇里等合法蓄奴州。

6. 一八六一年南北戰爭爆發，參戰雙方為北方的美利堅合眾國（聯邦），以及南方的美利堅聯盟國（邦聯）。

Chapter

03

# 丹尼爾・韋伯斯特

DANIEL WEBSTER

1782-1852

“

我對自己恪盡職責的信念堅定不移。我將繼續遵循這些信念，絕不畏縮……在動盪不安的時代，點燃並燒旺紛爭的火焰比起撲滅這種火焰容易得多。

My own convictions of duty are fixed and strong, and I shall continue to follow those convictions without faltering...In highly excited times it is far easier to fan and feed the flames of discord, than to subdue them.

”

……不是以麻塞諸塞州人的身分……而是以美國人的身分出現……

“...not as a Massachusetts man...but as an American...”

---

一八五〇年一月二十一日晚上，華盛頓風猛雪大，絕對不適合患病的老人外出。但是亨利·克萊不顧自己一陣陣咳喘，費力地踩著積雪向丹尼爾·韋伯斯特家走去。他有一個計畫，一個挽救合眾國免於分裂的計劃，但是他知道這件事必須得到北方這位最有名的演說家和政治家的支持。他知道機不可失，因為就在那天下午，泰勒（Taylor）總統在提交國會的諮文中要求加州作為自由州加入聯邦，對當時的形勢無異於火上澆油，威脅了合眾國。北方的人們問，為什麼總統沒有提及新墨西哥？南方的人們問，現在《逃奴法》（the Fugitive Slave Law）執行得怎麼樣？哥倫比亞特區的奴隸貿易、猶他州和德州的邊境情況都怎麼樣了？人們的怒氣越來越盛，陰謀詭計層出不窮，國內盛傳聯邦行將分裂。

但是亨利·克萊胸有成竹——有了另一個維護國家統一的偉大妥協計劃。在韋伯斯特溫暖舒適的家裡，克萊花了一個小時向他概述計畫的內容，兩人討論了如何來挽救合眾國。在美國歷史上，極少數會晤能像他倆那樣，最終取得不小的成果但兩人的結局反差如此大，因為《一八五〇年妥協案》使克萊戴上了「偉大的調停者」這個花環，韋伯斯特的支持確保了妥協的成功，卻導致他被釘在政治十字架上，半個多世紀裡一直受到譴責。

亨利．克萊在冬天寒夜裡拜訪的那個人確是美國政治史上最非同凡響的人物之一——丹尼爾．韋伯斯特今天已為我們許多人所熟悉，如同史蒂芬．文森特．貝尼特[1]的小說中支持傑貝茲．史東與魔鬼對抗的「丹尼爾．韋伯斯特」一樣廣為人知。但是在韋伯斯特一生中，許多次與內心的惡魔對抗，有幾次他失敗了。他的一個知己寫道，韋伯斯特是「既有優點，也有缺點，既有崇高的一面，也有卑微的一

1. Stephen Vincent Benét（一八九八～一九四三年），美國詩人、小說家。他以美國內戰為題材的詩歌《約翰．布朗的遺體》（*John Brown's Body*）於一九二九年榮獲普立茲獎。他歌頌美國的長詩《西方的明星》（*Western Star*）於一九四四年獲普利茲獎。一九三七年以民間傳說為素材寫出的短篇小說《魔鬼和丹尼爾．韋伯斯特》（*The Devil and Daniel Webster*）後被改編為戲劇、歌劇和電影，廣為流傳。傑貝茲（Jabez Stone）是該作品的主要人物。

面」。用愛默生[2]的話來說，是一個「志向不高的偉大人物」。

毋庸置疑，他是一位偉大的人物——他的外表，他的言語，別人對他的態度和一貫看法都是如此。儘管有種種缺點和失誤，丹尼爾·韋伯斯特在我國國會歷史上絕對是最能幹的人物，這不是表現在他能吸引人們為事業而奮鬥——這方面他無法與亨利·克萊相比；也不是表現在他透過充分討論能提出治國方案——這方面他不如卡爾霍恩強；而在於他有本領啟動蘊藏在美國人心中的聯邦統一意識，並讓他們認為這是至高無上的責任，所有美國人都擁有這種意識，但能明確表達出來的卻寥寥無幾。

而韋伯斯特把維護聯邦統一的責任感表達得相當好！幾乎所有相關的觀點和情緒他也表達得相當好！自從他在國會第一次演說——抨擊一八一二年與英國的戰爭，因而吸引了眾議院的注意以來（以前從來沒有一個新議員有過如此的魅力），他在國會、在麻州靜心傾聽的人群面前，在最高法院擔任辯護人時，成了當代（事實上也是空前絕後）辯才無雙的演說家。據說，韋伯斯特在達特茅斯學院（Dartmouth College）案件審判時的著名辯護詞，顯然打動了美國最高法院以嚴厲出名的首席法官馬歇爾（Marshall）：「閣下，我已說過，這是一個小型大學，然而有人熱愛她。」當他在普利茅斯殖民地成立兩百周年典禮上演講完畢後，哈佛大學一位年輕學者寫道：

以前的公開演講從未使我這麼激動過。我想有三、四次覺得熱血沸騰、心潮澎湃……當時我的情緒失去了控制，至今仍覺那次演講回味無窮！

而韋伯斯特回答南卡羅來納州參議員海恩（Hayne）時，結尾的那句話：「自由和聯合，從今以後永世長存；國家統一，絕不可分裂！」在二十年前某些州想脫離聯邦對國家統一構成威脅時，成為每個學生銘記的團結全國人民的口號。

韋伯斯特講話很慢，幾乎一分鐘平均不滿一百字，但他那管風琴一般深沉動聽的嗓音、生動的想像和擊敗對手的本領與一連串事實，充滿信心及從容不迫的說話方

2. Ralph Waldo Emerson（一八〇三～一八八二年），美國散文家，思想家、詩人和演說家，重要著作有《論自然》（*Nature*）、《論行為》（*The Conduct of Life*）等。

式，還有令人注目的外表結合在一起，使得他的演講像磁鐵一樣吸引大批人趕到參議院來。他極其認真地準備演講，但很少寫成講稿。據說他一句接一句地記起要講的內容，不用鉛筆而在心裡修改句子，然後把考慮妥當的言詞準確無誤地講出來。

當然引人注目的外表是他擁有力量的奧祕之一。所有看到他面孔的人都深信，他是天生能夠駕馭別人的人。儘管身高不到六英尺，但是韋伯斯特的單薄身材與寬闊的肩膀形成鮮明的對比，令人覺得有點誇張但令人敬畏。當時的人發現他的腦袋非比尋常，具有卡萊爾（Carlyle）所說的一些特點，令人經久難忘：「棕褐色的皮膚，輪廓分明、已有皺紋的臉；高翹的眉毛下面有雙暗黑色的眼睛，好像等待鼓風進去就會燃燒的無煙煤鍋爐一樣；獒犬般的嘴常緊閉著。」同時代有個人說韋伯斯特「不像真人，因為世界上沒有一個人像他那樣看上去如此偉大」。

然而韋伯斯特並非真如他的外表那樣不同凡響。這個硬漢的缺點是他的道德觀不如其他意識發展得那樣敏銳。在參議院辯論是否繼續給予美利堅銀行特許經營權時，他未意識到自己給行長寫信有任何不妥，他在信中指出「我尚未收到聘用金或去領取的通知」。但是韋伯斯特不是當作一筆饋贈而接受，而是他認為是理應被支付的服務費。當他想於一八三六年從參議院辭職，改當律師來彌補收入時，他在麻州經商的朋友聯合起來幫他還債，希望以此挽留他在參議院。傳說在他臨終時，還有一位老紳士前來敲門，塞進來一大卷支票，說「此時此刻，他的家裡不應缺錢」。

韋伯斯特悉數全收。難以理解的是，他竟然覺得這種事沒什麼不對勁——無論道德上，還是從其他方面說。也許他認為自己得到的報酬太低了，他從未想過，當他作為參議員領取薪酬時，他已自願選擇，把自己的服務和才能（不管服務和才能有多麼了不起），都賣給了美國人民，而不是其他的什麼人。韋伯斯特對新英格蘭企業利益集團的支援不是因為他獲得了錢，而是出於個人的信念。其實金錢除了作為滿足他的特殊品味需要的手段外，對他來說幾乎不重要。他從不斂財，他從未擺脫債務。他也從不為自己的債務人身分而煩惱不安。有時他償還債務，只要手頭寬裕，他總是會去還債的，但是正如傑拉德・詹森（Gerald W. Johnson）所說：「遺憾的是，有時候他用偽幣——而非法定貨幣來還債，自信人民信賴於他。」

然而不管他有什麼缺點，丹尼爾・韋伯斯特一直是當時最出色的演講家、美國律師界第一流律師、輝格黨最著名領袖以及唯一能夠控制卡爾霍恩的參議員。因此亨利・克萊明白他必須爭取這些才俊站在他的《一八五〇年妥協案》[3]一邊。時間和事件的發展證明了他是對的。

當極受崇拜的丹尼爾在默默傾聽別人的意見而深思時，羅病的克萊開始最後一次為維護聯邦團結而努力。他的努力有五個要點：（一）加利福尼亞作為自由州加入聯邦；（二）新墨西哥和猶他作為無反對或支持奴隸制立法的準州加以安排，這樣就可直接避開激烈辯論中的《威爾莫特但書》（Wilmot Proviso）[4]，該但書打算在新準州禁止奴隸制；（三）德州由於某些地區併入新墨西哥，由聯邦政府給予金錢補償；（四）在哥倫比亞特區廢除奴隸貿易；（五）更加嚴格並強制地實施《逃奴法》，保證把北方各州抓到的逃奴還給他們的主人。南方的極端分子主要根據此法案第一和第四條內容譴責該法案是姑息綏靖，而北方廢奴主義者主要根據第二和第五條內容譴責該法案是百分之九十對南方讓步，剩下毫無意義的百分之十留給北方作為一點安撫。北方幾乎沒有人願意接受加強《逃奴法》的實施，這是他們最痛恨的一項法律。在國會通過《禁止奴隸貿易法》（Prohibition）之前，這是他們對《逃奴法》的最公然反抗，麻州甚至實施法律，規定任何在該州執行《逃奴法》的人都屬違法犯罪！

在當時，亨利．克萊怎麼會希望麻州的韋伯斯特認可自己的計畫呢？他不是具體闡述過自己一貫反對奴隸制並支持《威爾莫特但書》嗎？他在「俄勒岡辯論」（Oregon Debate）中已對參議員們說過：

我會反對在任何地方、任何時候和任何環境下延長奴隸制和增加奴役形成，甚至反對各種誘惑，反對各種設想的對巨大利益的限制，反對各種方案的組合，反對所有的妥協。

就在同一個星期，他寫信給一位朋友說：「我從年紀很小時就把奴隸制看作為道義上和政治上極大的罪惡……你毋須擔心我會投票贊成任何妥協，或者做出與過去不一樣的行動來。」

3. 美國於美墨戰爭中取得加利福尼亞及新墨西哥等地，而南北雙方就新領土是以自由州或蓄奴州加入聯邦，展開激烈的爭論。南方欲擴大奴隸制區域，而以脫離聯邦威脅，美國因此陷入分裂危機。亨利・克萊為此於一九五〇年向國會提出一系列妥協性議案。

4. 此法案禁止從墨西哥取得的任何新領土施行奴隸制。

但是韋伯斯特擔憂，人民的暴力「只會更加堅固地鉚牢奴隸制鎖鏈」。從他內心來說，維護合眾國統一團結比他反對奴隸制更至關重要。

因此在一月份那個具有決定性意義的晚上，韋伯斯特答應亨利·克萊做出有條件的支持，並且概述了他周圍的危機。起初他與某些評論家和歷史學家持同樣的觀點，那些人對某些州可能於一八五〇年退出聯邦是不以為然的。但是當韋伯斯特與南方領袖談過話，並且「看到美國的狀況之後，我認為如讓現在的爭論放任自流，後果必然是爆發一場內戰」。他寫信給兒子說：「由於勞累和焦慮，我的身體快要垮掉了。我不知道如何應付目前的緊急形勢，用什麼辦法制止北方和南方正在走向極端的愚蠢行為……我的情緒十分低落，勇氣幾乎蕩然無存。」

一八五〇年時，有兩群人揚言要脫離美利堅合眾國：在新英格蘭，加里森（Garrison）公開聲稱：「我是廢奴主義者，所以支持聯邦解散。」北方廢奴主義者舉行群眾集會，宣示「憲法難逃作廢結局，是一個活該見鬼去的協議」。在南方，卡爾霍恩於一八五〇年二月寫信給朋友說：「解散聯邦是留給我們的唯一選擇。」在他去世前幾週，即三月四日他向參議院發表最後一次演講時，坐在那裡已虛弱得幾乎說不出話來。他說：「南方不得不在廢奴和退出聯邦之間做出選擇。」

南方人召開的一次預備會議（亦由卡爾霍恩策劃），敦促在這決定性一年的六月，在納許維爾（Nashville）舉行有足夠人數參加的南方大會，大張旗鼓宣傳解散聯邦的思想。

退出聯邦的時機已經成熟，幾乎無人準備為聯邦辯護。甚至為維持聯邦而焦慮不安的喬治亞州亞歷山大・史蒂芬斯（Alexander Stephens）寫信給在南方同情他觀點的朋友說：「南方人要求解散聯邦的情緒……變得更加普遍了。十二個月前幾乎不會考慮這件事的人現在開始認真議論解散的問題了……危機就在前頭……現在我認為脫離聯邦已經不可避免。」在韋伯斯特演講之前的關鍵性一個月裡，南方六個州（十年後都退出合眾國）同意納許維爾會議的目標，並委任了代表。二月二十三日，賀瑞斯・格里利（Horace Greeley）寫道：

> 今天國會裡有六十名議員希望並且正策劃如何退出聯邦。我們相信納許維爾會議即將召開，會議發起人的主要目的是把蓄奴州分離出去——建立一個獨立的邦聯。

這就是一八五〇年頭幾個月美國岌岌可危的形勢。

二月底，這位麻州參議員決心執行自己的方針。韋伯斯特斷定，只有採納克萊的妥協方案，才能避免脫離和內戰。他寫信給一位朋友說，他打算「做一次開誠佈公、實話實說的演講和一次關於國家統一的演講，問心無愧地盡到自己的責任」。在著手準備講稿時，他接到大量關於他的演講可能招來抨擊的警告。他的選民和南方使用更加強硬的語氣。但是這位麻州參議員已下定決心，正如他在三月六日對朋友所說的，「將獨自把我的小船推離岸邊」。他要按照幾年前用以向參議院挑戰的原則行動：

> 由於環境變化而發生觀點前後不一的情況常常是情有可原的。但是有一種不一致是不可原諒的，那就是一個人的信念與他所投下的票不一致，他的良心與行動不一致。沒有人會指責我有這種不一致。

於是一八五〇年三月七日到了，歷史上唯有這一天成為參議院一場演講的標題。時至今天沒有人想得起（甚至還在一八五一年時也沒有人想得起），韋伯斯特給自己的演講定下的正式標題，因為他的演講已經由「三月七日」指代，就像「七月四日」成為美國獨立日的代名詞一樣。

韋伯斯特一個月來一直失眠，所以意識到這次演講也許是健康允許範圍內最後一次努力，他得靠氧化砷和其他藥物激發演講的元氣，並把整個上午用來潤飾講稿。在準備過程中，有位陸軍中士來打擾他，使他興奮不已，這位中士告訴他，當時（距參議院開會前兩小時），參議院大廳裡、公眾旁聽席上、候見室內，甚至國會的走廊上都已擠滿從全國各地趕來聽韋伯斯特演講的人。許多外國外交官和許多眾議員在爭搶可以站立之地。當參議院開會時，參議員幾乎無法從人頭攢動的聽眾以及用政府文件堆疊成的臨時凳子間擠過去，走到自己的座位上。大多數參議員把位子讓給女士坐，自己站在通道上等待韋伯斯特開始發表震聾發聵的演講。

當副總統敲下小槌，會議正式開始後，威斯康辛州參議員沃克（Walker）原來要在講臺上繼續把前天開始的長篇大論講完，但是他對議長說：「這麼多人不是來聽我講的，這裡只有一個人能召集來這麼多聽眾。他們期待聽他講。我覺得我有責任，也樂意把講壇讓給這位麻塞諸塞州參議員。」

當韋伯斯特慢慢地站起來時，人群一下子鴉雀無聲，他的非凡外表——烏黑憂鬱的大眼睛，漂亮的古銅色皮膚，威武而隆起的前額，給人留下深刻的印象，並產生三十多年來對這種外表一直懷有的敬畏之情。他穿著大家所熟悉的藍色燕尾服、黃褐色軟皮背心和馬褲，在看到參議院裡有史以來最優秀的參議員——克萊、本頓、休士頓、傑佛遜．戴維斯（Jefferson Davis）、海爾（Hale）、貝爾（Bell）、卡斯（Cass）、西沃德（Seward）、蔡斯（Chase）、史蒂芬．道格拉斯（Stephen A. Douglas）等人濟濟一堂時，他若有所思地停了一會。但是有一張臉他沒注意到，那就是多病的約翰．卡爾霍恩也在場。

所有的眼睛盯著演講者。除了他的兒子，其他聽眾沒有一個知道他要講什麼。有位記者寫道：「我以前從未看過人們懷著如此強烈的感情或者有那麼多的人焦急地希望從演講者的話語中得到啟示和共鳴。」

正如愛默生曾經描述的那樣，在韋伯斯特慷慨激昂地進行鼓動的時候，「他的嘴唇上好像架著一門連珠炮」。當他最後一次施展雄辯口才時，拋棄了以前反對在新準州實行奴隸制的立場，不顧選民對《逃奴法》的厭惡，也不顧自己在歷史上和同胞心目中的地位，更放棄實現二十多年來一直沒達到的目標——參選總統的最後機會。丹尼爾．韋伯斯特寧可冒著喪失自己的事業和名譽的風險，也絕不冒著讓合眾國分裂的風險。

「議長先生，」他開始講道，「今天我希望不是以麻塞諸塞州人的身分，也不是以北方人的身分，而是以一個美國人，一個美國參議員的身分來講話……今天我要為維護合眾國統一發表演講。請聽我為自己奮鬥的事業而演講。」

韋伯斯特剛講了一會兒，瘦削曲背的卡爾霍恩裹著黑色的披風，完全依賴他人協助坐進席位。他坐在位子上索索發抖，幾乎無法動彈。起初丹尼爾並未注意到他。在韋伯斯特多次表示對這位著名的南卡羅來納州參議員因病未能出席會議而遺憾後，卡爾霍恩竭力站了起來，抓住椅子把手，用清晰然而怪異的嗓音自豪地宣稱：「南卡羅來納州參議員現正在他的位子上。」韋伯斯特深為感動，眼眶中飽含淚水，朝卡爾霍恩鞠了一躬，後者已筋疲力盡，虛弱不堪地重重坐了下來，帶著肅穆的表情看著來自麻州的演講家，一點沒有顯示出對他的演講是贊成還是反對。

在為時三小時十一分鐘的演講中，丹尼爾．韋伯斯特只有幾次參照厚厚的講稿，他始終不斷地呼籲為合眾國的事業而奮鬥。談到各方的不滿時，他要求大家出於愛國心作出和解與諒解。他堅持認為，參議院主要關注的既不是加強奴隸制，也不是廢除奴隸制，而是要維護美利堅合眾國的團結統一。他用充分有力的理由和非凡的先見之明，尖銳地抨擊了「和平地退出合眾國」的思想：

先生們，你們的眼睛和我的眼睛絕不會有緣看到「和平地退出」這種奇蹟。我們遼闊的國家的解體能不引起動亂嗎！誰會愚蠢到……期待看到這種事發生？……不要談論脫離合眾國的可能性和好處，不要生活在那些黑暗的洞穴中……讓我們呼吸自由和聯合的新鮮空氣……讓我們這代人最強而有力明智地團結在一起，我深信，一條金色的紐帶肯定能使各州人民在未來的時代中與美國憲法輔車相依。

聽眾沒有鼓掌。是的，只有唧唧喳喳的談話聲和驚訝之餘的低語聲，也許聽眾太專心了或者感到太震撼了。有位記者急匆匆走向電報室。他發電報給報社說：「韋伯斯特先生已經承擔起巨大的責任，不管成功還是失敗，他挺身而出的勇氣至少會使他受到全國的尊敬。」

韋伯斯特取得了成功。即使他的演講遭到許多北方人士的駁斥，但華盛頓和整個南方的人們認識到，一個來自好鬥選區的代表，基於維護團結和愛國，呼籲南北方和解，這件事才是南方權利的真正保障。儘管卡爾霍恩本人抱持毫不妥協的態度，他的查爾斯頓市《水星報》（*Mercury*）卻稱讚韋伯斯特的演講「談吐文雅，語氣和藹大方。卡爾霍恩先生清晰有力的闡述，要不是韋伯斯特先生不久接著發表的精彩演講，原本在某種程度上應具有決定性的影響」。紐奧良的《皮卡尤恩報》（*Picayune*）讚揚韋伯斯特具有「道義上的勇氣，去做他認為正義的事以及對國家和平與安全是必要的事」。

就這樣，立即脫離聯邦和浴血內戰的危險都避免了。正如參議員溫思羅普（Winthrop）所說，韋伯斯特的演講「消釋了南方人的怒氣，使他們平靜下來，納許維爾會議因此徹底受挫」。在後來幾個月，《商務日報》（*Journal of Commerce*）說，「韋伯斯特比全國任何其他人更加不遺餘力地甘冒喪失個人名聲的巨大風險，遏制和抵擋地方分裂主義浪潮，一八五〇年時地方分裂主義分子揚言過要推倒憲法和聯邦這些擎天之柱」。

有些歷史學家——特別是那些在明確發聲、韋伯斯特的廢奴主義敵人之觀點大力影響下，於十九世紀下半葉寫歷史的人——不會同意艾倫．內文斯[5]、亨利．斯蒂

5. Allan Nevins（一八九〇～一九七一年），美國歷史學家、教育家，著有八卷本美國南北戰爭史和多部美國政界與產業界人士傳記。

爾・康馬傑[6]、傑拉德・詹森[7]等人的觀點，這些人稱讚三月七日演講「充分展現了政治家的風度……是韋伯斯特最後一次為美國做出的了不起的服務」。許多人否認，如果沒有那種妥協，一八五〇年就會發生脫離聯邦的情況，而其他人堅持認為，後來的事件證明了不管做出什麼樣的妥協，最終脫離聯邦是不可避免的，但是還有一些人堅持認為，它使內戰推遲了十年，縮小了南北矛盾，從長遠來說，有助於維護合眾國的統一。韋伯斯特演講辭中的調解精神使北方心安理得地覺得自己已盡可能公平地對待南方了。捍衛合眾國統一的人因此更堅決地反對十年後南方違背妥協的行為。如果從北方的軍事觀點來說，由於內戰推遲了十年，北方各州得以在人口、選舉權、生產力和鐵路等方面都比南方大大領先。

毫無疑問，韋伯斯特的許多支持者都理解這一點，包括麻州的企業家和專業人員在內的很多人都幫忙在全國散發了幾萬份三月七日演講稿。韋伯斯特也明白這一點，所以他在印發給麻州人的講稿上說：「形勢迫使我說實話，而不是說好聽的話……其實我也想使大家高興，但是我寧可不管你們將如何對待我，我還是要講出真相來拯救大家。」

然而一八五〇年，廢奴主義者和自由土壤黨人（Free Soilers）不理解這一點。

鮮有政治家有此殊榮受到一些才幹傑出的選民的嚴厲批評。牧師希歐多爾・派克（Theodore Parker）輕視脫離聯邦的危害性，吹噓自己把一個逃奴藏匿在地窖裡，並且在撰寫佈道稿子時，把劍掛在墨水盒的上方，把槍放在寫字臺上，「隨時準備自衛」。他在神壇上無情地譴責韋伯斯特，即使在韋伯斯特去世後仍繼續進行抨擊，「在世的人沒有誰像他那樣做了這麼多敗壞全國人民良心的壞事……」他哭喊道，「我不知道，除了班尼迪克・阿諾德[8]的行為外，美國歷史上新英格蘭的子孫中還有誰做過可與韋伯斯特行為相提並論的事情了。」賀瑞斯・曼[9]說：「韋伯斯特是一顆隕落的明星，是從天堂裡墜落的明亮之星！」朗費羅[10]向天下人說：「有

---

6. Henry Steele Commager（一九〇二～一九九八年），美國歷史學家，他的四十本書和七百篇文章、評論，詳細闡釋了美國的現代自由主義。
7. Gerald Johnson（一八九〇～一九八〇年），美國記者、編輯、歷史學家、傳記作者、小說家。
8. Benedict Arnold（一七四一～一八〇一年），美國軍官，曾是美國革命的英雄，一七七九年開始與英軍勾結，此後他的名字在美國成為叛徒的代名詞。
9. Horace Mann（一七九六～一八五九年），美國政治家和教育家，因宣導教育改革，有美國公共教育之父稱號。一八二七年任麻塞諸塞州眾議員，一八三五年任麻塞諸塞州參議員，一八三六年任美國參議院議長。
10. Henry Wadsworth Longfellow（一八〇七～一八八二年），美國著名詩人。詩作《生命頌》、《群星之光》、《金星號遇難》、《保羅・里維爾的放棄》等曾廣為傳誦。

這個可能嗎？多年前在海恩撼動大山的就是這個泰坦[11]嗎？」愛默生則說：「這個人應為他主張妥協的不道德深感羞愧……韋伯斯特缺乏道德判斷的能力，這有損國家的尊嚴。」威廉・卡倫・布萊恩特[12]認為，韋伯斯特「這個人放棄了近來他捍衛的事業，在把動機卑鄙的罪名強加於他的環境下放棄了事業」。而詹姆斯・拉塞爾・羅威爾[13]看來，他是「我聽說過的最無恥愚蠢的叛徒」。

查爾斯・薩姆納[14]在韋伯斯特離職後晉升到參議院，他把韋伯斯特的名字列入「變節者黑名單上。韋伯斯特先生精心策劃的叛變比他所做的其他事情更加會搞垮北方」。參議員威廉・西沃德（William H. Seward）是個「良心」輝格黨[15]人，他稱韋伯斯特是「自由事業的叛徒」。法內尤爾（Faneuil）市政廳的一次群眾大會譴責他的演講「不是明智的政治家和好人該說的」，並且決定「不管憲法有沒有規定或其他法律有什麼規定，我們都不允許從麻塞諸塞州帶走任何一名逃奴」。當麻州議會加強實施完全同三月七日演講精神相悖的決議時，有一位議員稱韋伯斯特為「麻州的逆子，不能在參議院代表該州的利益」。另一位議員說：「如果上帝憐憫，韋伯斯特有幸長壽的話，他將有足夠時間為自己的行為懺悔，並努力抹去名譽上的污點。」

波士頓的《信使報》（*Courier*）聲稱：「國會裡找不出一個北方的輝格黨員持有與韋伯斯特先生一致的意見」。而且他過往的辯護者——波士頓的《阿特拉斯報》（*Atlas*）說：「他的思想感情與我們不一樣，我們可以大膽地說，也與新英格蘭地區輝格黨的不一樣。」紐約《論壇報》（*Tribune*）認為他的演講「場合不對，不值得作者去講」，紐約《晚間郵報》（*Evening Post*）說他「退步到背叛……放棄了最近還捍衛過的事業」。一份廢奴主義報刊稱這個演講「使丹尼爾・韋伯斯特臭名昭著，罪孽深重……是一場難以形容的卑鄙和邪惡的演講」。

艾德蒙・昆西（Edmund Quincy）憤怒地說：「這頭不可言喻的卑鄙獅子變成西班牙獵狗，為了讓主人拋給它吃骯髒的布丁，正在巴結主人，舔著主人的手。」最後，韋伯斯特的名字永遠在美國文學作品中遭到羞辱，因一貫溫文爾雅的約翰・格

---

11. Titan，希臘神話中天神和大地女神之子，眾巨神之一。
12. William Cullen Bryant（一七九四～一八七八年），美國詩人。代表作有《死亡觀》和《致水鳥》。
13. James Russell Lowell（一八一九～一八九一年），美國詩人和評論家，著有《談古代詩人》、《比格羅詩稿》、《大教堂》等。
14. Charles Sumner（一八一一～一八七四年），美國南北戰爭期間致力於廢奴運動的政治家。
15. 前身為聯邦黨，輝格黨員中有許多優秀的全國性政治人物，黨務於一八三三～一八六〇年間運作。

林里夫·惠蒂爾[16]在他的不朽詩篇〈伊卡博多〉（Ichabod）中用詞尖刻地寫道：

如此斯文掃地！如此山窮水盡！他曾擁有的
光環已黯然失色！
他那白髮所銘刻的輝煌歲月
已經一去不復返！……

在我們讚賞和尊重的東西中，除了權力
他已空空如也；
墮落的天使對信念的自豪，身縛鎖鏈
仍堅定不移……

人們昔日的崇敬隨著他名聲的
失落而煙消雲散；
他背過臉往後走去，

想把恥辱遮掩！

多年後，惠蒂爾回憶，「我是在一生最憂慮的時刻」寫了這首尖刻的詩。對於丹尼爾．韋伯斯特這位當時自高自大、相信自己忍受得了政治敵視的大人物來說，惠蒂爾的抨擊特別使他不服氣、不愉快。他或多或少試圖不去理會那些抨擊者，指出他早已料到會遭到誹謗和謾罵，特別是遭到廢奴主義者和以前就輕視他的知識份子的攻擊，如同他的前輩喬治．華盛頓等人挨過罵一樣。對於那些催促他立即回應的人，他只講述老助祭的故事，用類似老助祭的預言對朋友說：「在大雪沒下盡之前絕不去清掃道路，我始終以此作為準則。」

但是，新英格蘭沒有任何其他一位輝格黨人站出來為他辯護使他很難過，韋伯斯特說他——

16. John Greenleaf Whittier（一八〇七～一八九二年），美國作家和廢奴主義者。

進行了一場從我自己親近的朋友中既找不出領導，也沒有擁躉的爭論……我已經厭煩站在這裡，幾乎單槍匹馬地代表麻塞諸塞州，爭取能為祖國的利益採取絕對必要和可行的措施……五個月來，沒有一個同事表示有一點點與我同樣的感受……自從三月七日演講以來，沒有一個小時我不感到焦慮不安帶來的重壓，我已無法坐下來，輕輕鬆鬆、若無其事地用餐了。

儘管他設法解釋自己的目的，向朋友保證繼續反對奴隸制，但他不管怎樣仍堅持——

會把我的演講原則貫徹到底……如有必要，我願到新英格蘭各村莊巡迴演講……我無法預見人們對目前的騷亂有什麼看法，但我對自己恪盡職責的信念堅定不移。我將繼續遵循這些信念，絕不畏縮……在動盪不安的時代，點燃並燒旺紛爭的火焰比起撲滅這種火焰容易得多；建議行為要克制的人往往被別人認為對政黨沒有履行責任。

在第二年，儘管已經七十歲高齡，韋伯斯特仍然外出四處發表演講，捍衛他的觀點：「如果最終發生內戰的概率僅千分之一，我仍覺得應當做出合理的犧牲來避免這個可能性。」當他，還有克萊和道格拉斯等人，謀求妥協的努力最終取得成功時，他調侃地指出，他的許多同事到此時說：「他們始終認為要永遠忠於合眾國」。

韋伯斯特希望這種潛在的支持可重新使他謀求總統職位，但是他的這一希望註定會成為泡影。因為他的演講徹底毀掉了他當選總統的前景，反覆宣傳他的觀點已不可能滿足新英格蘭和北方大多數選民的意願。他不會得到自己長期夢寐以求的總統候選人的提名，也不可能消除別人的斷言——不僅與他同時代的批評家說過，而且後來幾位十九世紀的歷史學家也說過——他的三月七日演講的真正目的是爭取南方人支援他當總統。

但是愛默生斷定的三月七日演講所代表的「強烈的私心」，從來不是韋伯斯特演講的動機。正如內文斯教授指出的，「要是他想謀求總統職位，他本應刪改他的演講句子，在新墨西哥和逃奴問題上使用含糊的話。如果真的懷有當總統的大志，那麼首先要謹慎地確保自己本州和部門的支持，可是韋伯斯特知道他自己的演講將會從曼斯費爾德山到莫諾莫伊角燈塔引起一片譴責聲」，而且政治敏感性強的韋伯斯特完全知道，他所屬的這個業已分裂的黨會把政治上有爭議的人拒之門外，而轉向不作出任何承諾的中立人士，這是一個沿用至今未變的準則。一八五二年輝格黨代表大會完全按此準則辦事。在前五十二輪投票中，支持《一八五〇年妥協案》的選票都分投給了韋伯斯特和菲爾摩爾（Fillmore）總統，但在第五十三輪代表大會最終轉向廣受歡迎的溫菲爾德・史考特[17]將軍，南方輝格黨人沒有一個支持韋伯斯特。而當波士頓的輝格黨人敦促黨綱認領克萊的《一八五〇年妥協案》的功勞時，他們說，「丹尼爾・韋伯斯特與亨利・克萊及其他一些深謀遠慮的政治家共同發起了這個法案」。據報導，俄亥俄州參議員科溫（Corwin）曾嘲諷道：「那麼我也可以說我與摩西和其他一些助手共同撰寫了《十誡》啦。」

所以韋伯斯特既不可能想把他的演講變成改善政治名聲的手段，也不可能允許自己為了實現抱負而削弱維護合眾國統一的呼籲。

一八五二年，他在灰心失望中去世，臨終時雙眼從他床邊的窗口望出去，盯著看他乘坐過的那艘帆船桅杆上飄揚的旗幟。不管怎樣，直到最後他都是個性情中人。他在病床上說：「夫人、孩子、醫生，在這種場合我相信自己從未說過有失丹尼爾·韋伯斯特身分的話。」他自始至終一直忠於合眾國，忠於最偉大的當仁不讓的原則。在他致參議院的最後一封信裡，韋伯斯特為自己寫下了墓誌銘：

我支持合眾國……絕不考慮個人後果。與可能在一場像目前這樣的危機中降落到偉大祖國身上的幸福或災難相比……個人的結局算得了什麼？……個人的結局該怎樣就怎樣，我不在乎。如果一個人為了保衛國家的自由和憲法而受苦或倒臺，那樣的倒臺不會很快，那樣的苦也算不上什麼。

17. Winfield Scott（一七八六～一八六六年），美國將領。一八四一～一八六一年任美軍指揮官，輝格黨人。一八五二年獲該黨總統候選人提名，但後來被民主黨人皮爾斯（Franklin Pierce）擊敗。

Chapter

04

# 湯瑪斯・哈特・本頓

THOMAS HART BENTON

1782-1858

“

如果他們反對我，我知道我應辭職，因為我既不能違背他們明確的意願去投票反對條約，也不能違背自己對憲法和道義的責任感去投贊成票。如果做出的抉擇會結束我的政治生涯，我也欣然為之。

If they were, and I knew it, I should resign my place; for I could neither violate their known wishes in voting against it, nor violate my own sense of constitutional or moral duty in voting for it. If the alternative should be the extinction of my political life, I should have to embrace it.

”

我藐視徒有虛名……

"I despise the bubble popularity..."

「議長先生……」一八五〇年，有位身材魁梧、頭髮烏黑的參議員對著幾乎空蕩蕩的參議院大廳演講。留在大廳裡的那些人，包括一位剛才說演講者很好鬥的緊張兮兮的參議員，都看到了他結實的肌肉緊繃，寬闊的肩膀冷冰冰地筆挺著，還聽到他用生硬冷漠的嗓音說出「先生」這個詞，猶如從他碩大的羅馬式腦袋裡射出一支有毒的飛鏢——

議長先生……我從不與人吵架，但是有時候我會選擇開戰，無論什麼時候我開了戰，接著就有一場對手的葬禮。

誰都不會把這句話看作是密蘇里州的資深參議員湯瑪斯．哈特．本頓無聊的吹噓。的確，早年在聖路易斯，有一位地區法官在與他這個堅毅的密蘇里州人（身高九英尺！）決鬥中不幸喪生後，他就再也沒殺過人。但是參議院裡所有人都知道湯瑪斯・哈特・本頓曾是一個粗野亂闖的鬥士。而今在參議院內外大家已不用手槍，而是用尖銳的嘲諷，雖語帶斥責，然而卻用引經據典的演講和激烈的辯論進行戰鬥。他本人沒有受到那些政治衝突的傷害，但他的對手卻傷痕累累地敗下陣來。強大的自我和強健的體魄使他臉皮很厚，無論思想上還是身體上都禁得起打擊。（他的皮膚像皮革一樣厚，部分原因是他每天要用馬鬃毛刷擦身體，「古羅馬武士就是這麼做的，先生」。如果有人問毛刷是否真的很粗糙，他會咆哮起來：「嗨，先生，要是我用那種毛刷刷你，你準會大叫有人在謀殺你的！」）

然而現在，當他在參議院工作三十年的最後一段任期行將圓滿結束時，本頓在最後一次激戰中遭到攻擊，而這一次的結局是他自己要接受政治葬禮。從一八二一年到一八四四年，他是密蘇里州政界最傑出的領袖，是該州第一位美國參議員，更是一位最受人尊敬的偶像。用一個反對者的話來說，本頓的地位意味著「任何人即便敢對『老金條』（從本頓與硬通貨〔hard money〕對抗衍生出來的一個別名）吹口氣也會導致政治上的死亡」。儘管他從事政治缺乏手腕，在他的本州不斷提出一些不受歡迎的問題，並且逐漸不與該州大多數年輕政治家來往，可是不管怎樣，在那段充滿個性魅力的時期，本頓甚至不需要別人幫忙就能連任。事實上，他不屑懇求別人贊助、國會的小筆贓款和政治說客的一臂之力，為此政客感到不安，密蘇里州人民倒放心！民主黨要求密蘇里州州議會候選人保證投票讓本頓連任，卻讓他們在自己的競選運動中承受有失顏面的失敗之痛苦。密蘇里州第一位進入美國參議院的本頓連續服務了三十年，名噪一時，從新州來的其他參議員都沒有像他那麼大的名聲。他展現出反對黨中沒有一個候選人能夠媲美的充沛精力，為西進事業而戰鬥。「快馬驛站」郵遞公司、電報線路及通向內陸的公路是令他自豪的成就，而建設一條橫貫大陸的鐵路以及充分開發人口和資源眾多的西部是他的夢想。想打敗參議院之父和人民的保衛者本頓？「沒有人反對本頓，先生，」他會吼叫道，「除了西部大草原幾個州裡少數擅長脅迫的律師外，沒有別的人反對。他們是本頓的唯一對手。本頓就是人民、本頓就是民主黨，先生，是一組同義詞。」

但是到了一八四四年，本頓必然失敗的預兆已經顯現。蓄奴州密蘇里逐漸強烈地覺得自己忠心擁戴南方各個州，越來越以懷疑的態度看待這位桀驁不馴的參議員，他的一片忠心既非都向著所屬政黨，也不向著他的派別，而是向著他為之奮鬥的合眾國，無論在戰場上還是在國會裡，他都這樣。密蘇里也越來越不相信這位參議員在國會內外打算捍衛的堅定獨立觀點。本頓對合眾國的奉獻大大超過他對南方或民主黨的奉獻。（他的反對者指責他，當一八四四年民主黨全國代表大會準備拋棄范布倫[1]時，本頓向大會表示：「在我拉范布倫先生一把之前，想先看到民主黨跌入燃燒著地獄之火的深淵！」）

在遊說州議會考慮讓他連任參議員的活動於一八四四年展開時，本頓卻在精心策劃使合併德州的條約挫敗，結果與自己所在的州和政黨驟然決裂。本頓認為該條約是卡爾霍恩策劃的陰謀，毫不顧及墨西哥的權利或抵抗[2]，而且是出於政治上的、反奴隸制和分離主義的意圖，他——實際上他贊成站在符合「命定說」[3]的民

1. Martin Van Buren（一七八二～一八六二年），美國第八任總統（一八三七～一八四一年）。民主黨創建人之一。自命為傑佛遜信徒，支持州權主義，反對中央集權。內戰初期反對蓄奴州脫離聯邦。總統任內建議成立獨立國庫，以穩定財政。另為避免與墨西哥發生戰爭，拒絕把德州併入美國。

2. 德克薩斯原為墨西哥領土，後美國移民漸多而叛變，建立德克薩斯共和國。一八四五年，美國不顧墨西哥反對，將其併入為美國的一州。因此爆發美墨戰爭，最終墨西哥戰敗，並割讓加利福尼亞、新墨西哥等領土。

3. manifest destiny，命定說認為某一民族擴張其領土係天命所定。

族主義立場上向西部擴張——給了政治仇敵公開攻擊他的機會。《德克薩斯條約》（The Texas Treaty）在密蘇里州是受到歡迎的，儘管本頓斷言他不知道選民是否真的反對他的觀點：

如果他們反對我，我知道我應辭職，因為我既不能違背他們明確的意願去投票反對條約，也不能違背自己對憲法和道義的責任感去投贊成票。如果做出的抉擇會結束我的政治生涯，我也欣然為之。

本頓背上了民主黨叛徒、輝格黨與英國人盟友的黑鍋，公開失去了州眾議會傑出候選人對他的支持，受到各種人身攻擊——說他是非永久居民、欠債不還者和蔑視輿論的人。密蘇里州《民聲報》（*Register*）宣稱，參議員本頓是「一個蠱惑民心的政客，暴君坯子……基督教國度的頭號利己主義者……無論他到哪裡，無論他做什麼，他都表現出一個蠱惑人心的政客的特點——咄咄逼人，傲慢無禮，不講道德」。

但是即使到了選舉前夕，本頓仍毫不猶豫地繼續譴責他的黨派對德克薩斯的政策。他在參議院指責卡爾霍恩、泰勒及其盟友（包括「國務院出錢收買的三百種報紙，雖然其中許多報紙並未表現出來」）在密蘇里州煽動民眾在政治上反對他。他個人在普通民眾中的卓著聲譽使他當上了參議員——但是僅僅多了八票，而他的政黨是因多擁有二十七票而控制著州議院。與此同時，支持奴隸制的民主黨人艾奇遜（Atchison）以三十四票差額當選，填補了一個任期未滿的參議員空出來的席位。實際上，本頓不會不明白本州所發出不祥的不成文指示——「先生，發表獨立見解時語氣婉轉一些，並且站在南方這一邊，否則後果必然不堪設想的。」

本頓在田納西邊境地區艱難度過的青年時代沒有使他學會如何避開戰鬥，不管與野獸鬥，與鄰居鬥，還是與政客鬥。（他與安德魯・傑克遜[4]勢不兩立的爭辯促使他離開在田納西很有前途的律師工作和政治生涯，跑到密蘇里。後來當這兩人在華盛頓成為政治上的堅定盟友和知己時，當年他與傑克遜的關係還成為很多人議論的話題。幾年後，有個菜鳥問本頓是否認識傑克遜，本頓自負地回答道：「我當然認

4. Andrew Jackson，美國第七任總統、首任佛羅里達州州長。

得他，先生。傑克遜將軍是一位非常偉大的人物。但是我駁倒過他，先生。後來在我與美國銀行的對抗中，他對我很有幫助。」）本頓像一頭「野水牛」——有人說像一棵「疙疙瘩瘩的橡樹」——回到了參議院，堅信整個國家有賴於他每天在每個問題上發動抨擊。

儘管在一八四四年至一八四五年，他離失敗僅一步之遙，參議員本頓仍大膽地在俄勒岡地區擴張問題上反對他的黨派和其本州。在親自喚起公眾熱烈支持擴張的情緒之後——特別是密蘇里州已派出大量居民到俄勒岡地區去——他認為現在民主黨「要嘛全部佔領俄勒岡，要嘛放棄」，「要嘛抵達北緯五十四度四十分，要嘛戰鬥下去」的立場是極不切合實際的。建議總統波爾克[5]在與英國和加拿大打交道時不再恪守這些口號後，在參議院攻擊他的民主黨同事——特別是密西根州的劉易斯·卡斯（Lewis Cass）——拒不承認他們觀點的錯誤。他打比方說，「智力低下」是使密蘇里州馬匹在身體和智力上不能自制的一種疾病，只有獸醫割斷馬的某一根神經才能治癒。所以他宣稱已經「割掉導致卡斯智力不正常的神經，把他治好了」。

有人再一次攻擊本頓是膽小鬼和叛徒。本頓的傳記作者認為「也許歷史上沒有誰遭受過比他當時遇到更嚴重的中傷了」。

但是本頓我行我素，所走的是越來越孤單的路。他不會轉向輝格黨，他說，輝格黨的小政客「對我的理解不比對兔子多，他們只能理解兔子一年繁殖十二次，或是大象懷孕期要兩年」。他也不向在華盛頓熙來攘往的政治說客謀求資助，他對一個尋求船舶補貼的集團代理人說，他同意幫忙的唯一條件是「等船造好後，要用它們把像你這樣該死的壞蛋統統從我們的國家運走」。本頓也不與密蘇里州政治領袖和解。他對聖路易斯郵政局局長厭惡至極，所以他把所有可能由局長阿姆斯壯處理的郵件都交給郵遞公司來經辦。

只有在家裡，本頓才感到與世無爭。正如他的女兒潔西·本頓·弗里蒙特（Jessie Benton Frémont）在回憶錄中所寫：「對他來說，家帶給他和諧與安寧，在家裡他從不受到外界紛爭氣氛的襲擾。」但是他的兩個兒子早年夭折，他所一往情深、始終關愛備至的妻子身體和心理又長期患病，使家庭生活蒙上陰影。有一次，本頓正

5. James K. Polk（一七九五～一八四九年），美國第十一任總統。曾公開主張吞併德克薩斯和佔有俄勒岡。執政期間實行大規模領土擴張。經過與墨西哥的兩年戰爭，德克薩斯終於成為美國的一個州。

在招待一位法國王子和其他貴賓，他的妻子沒有穿上正式的服裝就漫步走進房間，傾慕地凝視著丈夫。為了打破令人尷尬的沉默，本頓嚴肅沉穩地把妻子介紹給王子及其他貴賓，讓她坐在自己身邊，恢復與客人的談話。在本頓顧盼自雄的背後，還有一份似水柔情。

然而在參議院，他是單槍匹馬，不講情面，毫不心軟的。在辦公桌上堆滿圖書和文件的陪襯下，他常常對著幾乎空蕩蕩的公眾旁聽席和無動於衷的參議院大廳發言，向接受過更多正規學校教育和具有創見的同事們滔滔不絕地講述幾千個統計數字、經典解釋和美妙的比喻。正如後來一則訃聞所描述的：

他能隨時令人驚訝地出口成章，引經據典，他會引用羅馬法律條文或希臘哲學家的話，引用維吉爾[6]的《農事詩》、阿拉伯神話《天方夜譚》、希羅多德[7]或桑丘・潘薩[8]的文章或言談，引用《聖經》故事、德國改革家言論或亞當・斯密[9]的文章，引用費奈隆[10]或休迪布拉斯（Hudibras）的談話，引用尼卡（Necca）的金融報告或特利騰大公會議[11]上發生的事情，引用關於憲法條款使用的辯論或廚房內閣[12]的陰謀，甚至引用國會一位已故議員的被人遺忘了的發言。

據說本頓只在北卡羅來納大學讀了一年書，可是他把國會圖書館裡的書全讀過了，如果有一位參議員忘記了某某人的名字和哪個日期，他能從國會圖書館找出某本鮮為人知的書，確切標出印有相關正確資料的頁碼，然後交給這位同事看，此時他就感到心滿意足。他本人對知識，特別是對關於領土問題尚未解決的西部地區

---

6. Virgil（西元前七〇～十九年），羅馬詩人，代表作為《埃涅阿斯紀》（*Aeneid*）。《農事詩》（*Georgics*）寫於西元前三六～二九年間，反映作者要求在長期內戰後恢復義大利傳統農業生活的心情。
7. Herodotus（約西元前四八四～四二五年），古希臘歷史學家，代表作《歷史》共九卷，是古代第一部夾敘夾議希波戰爭的偉大史書，後人稱其為「歷史之父」。
8. Sancho Panza，西班牙作家賽凡提斯（Cervantes，一五四七～一六一六年）所著小說《堂吉訶德》（*Don Quixote*）中主人公的侍從，因說了許多中肯的格言而得名。
9. Adam Smith（一七二三～一七九〇年），經濟學之父，著有《國富論》（*The Wealth of Nations*）。
10. Francois Fénelon（一六五一～一七一五年），法國天主教大主教、神學家、文學家。著有《死人對話》、《泰雷馬克歷險記》、《論女子教育》等。
11. Council of Trent，天主教會於一五四五～一五六三年在義大利特利騰舉行的第十九次普世會議，決定以《尼西亞信經》為天主教信仰的依據，並確定了主教的許可權和神職人員的紀律以及其他聖事。
12. Kitchen Cabinet，美國第七任總統安德魯．傑克遜（Andrew Jackson）常與他的一些私人顧問在白宮廚房裡聚會，商討和決定施政大計，因而得名。

的知識一直如饑似渴地追求，不僅從圖書中求索，而且據當時人所說，還向「捕獵者、童子軍、偏遠地區的混血兒、印第安部落首領和耶穌會傳教士」請教。

但是不管本頓擁有多少資訊資料，不管他多麼堅持不懈和心比天高，都無法使他免受於奴隸制問題的衝擊——這個已經席捲參議院和密蘇里州的政治浪潮。不幸的是，本頓一直拒不承認奴隸制是一個大問題，他相信一八二〇年《密蘇里妥協案》（該法案使他的州加入聯邦，也使他進入美國參議院）已使奴隸制脫離政治，而且不肯讓奴隸制問題在參議院進行辯論。等到他想改變立場，發現為時已晚，「我不能參與關於奴隸制和脫離聯邦問題的討論，免得使參議院丟臉，」他說，「但願這種討論會偃旗息鼓。如果討論停不下來，我讓自己閉口，絕不參加討論。」他是國會中少數幾個仍把奴隸帶到華盛頓家中的參議員之一。不管怎樣，他既反對蓄奴主義者，也反對分離主義者；既反對南部把罪惡的奴隸制永遠擴大到新準州去實施，也反對北部的煽風點火者利用奴隸制的不幸幫黨派大做文章，尤其是他十分憂慮南北雙方都不斷提出奴隸制問題，以阻礙向西部擴張和接受新的州加入合眾國。

本頓的結局是從一八四七年二月十九日算起的，他在德克薩斯和俄勒岡問題上引發的敵對情緒已經清楚顯示出他會有怎樣的下場。約翰．卡爾霍恩向憂心忡忡的參議院宣讀了一份著名的決議案，堅持認為國會無權干預奴隸制在新準州的發展。後來的事件證明本頓的觀點是正確的——這些決議不過是「旨在拉選票和脫離聯邦的一種政治煽動」，並且向蓄奴州授意團結一致的辦法——不僅作為一個派別團結起來，而且在卡爾霍恩本人的領導下以及總統候選人的旗幟下團結起來。無論如何，卡爾霍恩號召立即進行投票，在隨後出現的暫時混亂中，他又驚又怒地看到身材魁梧、氣宇不凡的本頓從議席上站起來，臉上明顯地流露出對卡爾霍恩、對決議案以及他自己的政治命運不屑一顧的神情——

**本頓**：我們有些事需要處置，我不想糾結在一大串抽象的概念上，把正事擱一邊了。

**卡爾霍恩**：……我以為來自密蘇里州的參議員，來自一個蓄奴州的代表，本當會支持這些決議的……

**本頓**：從我在公開場合的所有行為中，這位參議員應當看得很清楚，我不會棄公共事業於不顧，聽任狂熱分子把世界搞得糜沸蟻動。

**卡爾霍恩：**那麼我倒要知道到哪裡找得出正人君子！

**本頓：**在我的祖國和聯邦這一邊……在理所當然的地方可以找到我……

（「在那天、那個地方做出的這個回答，」數年後本頓寫道，「是生活中碰到過的重大衝突事件之一，希望子孫後代永記不忘。」）

卡爾霍恩提議來自蓄奴州的國會議員在晚上舉行一系列祕密會議，這個建議得到本頓在參議院的密蘇里州同事艾奇遜的大力支持，但本頓不願插手。卡爾霍恩來自南卡羅來納州的同事向本頓提出決鬥，本頓也不予理睬。當有人勸他不要大肆頌揚反對奴隸制的人——約翰·昆西·亞當斯時，他拒不聽從勸告。最後在一八四八年，奴隸制問題使民主黨在代表大會上發生分裂，本頓強烈譴責分裂活動、拒絕承認奴隸制問題的重要性，無論哪個陣營他都不積極支持。現在他是一個沒有黨派的人，一個不承認黨綱的政治家，一個沒有選民追隨的參議員。

一八四九年初，本頓的厄運來臨了。卡爾霍恩的決議案在南方幾個州的參議院獲得通過後，他向本頓在密蘇里州的仇敵揭發本頓「近十年來對南方表裡不一……如果本頓處在廢奴主義者陣營裡，可能比處在我們陣營裡對我們的危害反而小得多。他的下場註定會和所有叛徒一樣」。密蘇里州參議院以壓倒性多數票通過了卡爾霍恩決議案，表達了該州願與其他蓄奴州合作的願望，並且指示其參議員做出與此願望相應的投票。本頓十分惱怒自己受到的挫折，他指控這個決議案是在華盛頓運作出來的，篡改了密蘇里州真正的民意。他說這個決議是「令人噁心又卑鄙邪惡的雜燴，其中隱藏對聯邦的背叛昭然若揭」：

> 在我和他們之間，永遠隔著高牆深溝！我與他們無話可談，絕不讓步，道不同不相為謀……從這種立場出發，我向密蘇里州人民呼籲，如果他們認可我的說明，我會給他們機會找到一個實現他們願望的參議員，因為我絕不做任何使聯邦解體或者策劃使聯邦內部互相反對的事情。

本頓決心設法促使參議院撤銷或廢除這個決議案，所以主動到敵對的州去積極遊說。他譴責民主黨南方主要發言人是「約翰·喀提林（Cataline）·卡爾霍恩」（在卡爾霍恩長期患病、最終於一八五〇年去世之前，本頓一直這樣譴責）。在卡爾霍恩去世後，本頓停止了攻擊，因為他說：「萬能的上帝已經抓走了他，先生，我就不再插手了。」總之，一天又一天，一個城鎮又一個城鎮，本頓懷著強烈的憤怒、仇恨和奚落的心情，滔滔不絕地冷嘲熱諷，挖苦謾罵，給對手及其政策當頭棒喝。他那飛揚跋扈和毫不憐憫的粗暴，還有個人的復仇心理和不共戴天的怨恨，嚇走了許多原本透過和解可能支持他的人。他向人頭攢動的集會演講時，開始總是說「我的朋友們——我所說的朋友是指來聽我講真話、並且相信我的人，不是別的什麼人」，然後抨擊決議案「事實虛假，心浮氣躁，旨在分裂聯邦，施展忤逆侈離，實質上僭越侵權……決議案的全部理念、藉口和章節都是靠欺騙來自圓其說……這是一個要把我趕出參議院，不讓我阻擋分裂策劃者的陰謀」。在抨擊他的政治宿敵納普頓（Napton）法官時（據說該決議案是他起草的），他說，任何遵照決議案措施行動的人「都要根據美國的法律被處以絞刑——如果法官也那樣做，也該上絞刑架」。

有一天，他氣呼呼地朗讀並評議參議院每個議員的名字，在讀到「D's」這個姓氏時，停頓下來說他嗅到了一個主張各州有權拒絕執行聯邦法令者的氣味。一個姓戴維斯（Davies）的參議員立即站起來抗議，本頓臉色陰沉地說：「我沒有叫過你的姓名，先生。把你的臉轉向聽眾吧……（戴維斯像個傻瓜那樣乖乖地照做了）……公民們，這不是一個人的臉，而是一條狗的臉。」當一位老朋友在本頓發言中插話，且沒有脫掉帽子，本頓很生氣地數落：「公民們，這個人是誰呀，竟敢打斷本頓的發言？」「艾科克（Aycock），艾科克上校，」十幾個人回答。「艾科克？不，公民們，不對，不是公雞，而是母雞[13]。先生，把帽子脫掉，坐下來。」

在另一座城市，本頓從講壇上發現他的三個仇敵悄悄地坐在聽眾席裡。當他把他們支持的決議案稱作為「黴菌毒瘤」時，他挖苦地點名道姓，稱他們「像三個參加洗禮的妓女一樣嚴肅莊重」。當他注意到一個著名的仇敵對他做出批評後，他狠狠反擊說，「傳話給他，本頓說他徹頭徹尾在撒謊」。一位反對他的老朋友向他打招呼，本頓不理睬；這個倒楣的紳士鞠了躬，並且自報姓名以資提醒，本頓還是冷冰冰地回答：「先生，本頓曾經認識叫這個名字的人，但是他已經死了，先生，真的已經死了。」

13. Aycock這個姓氏中含有cock（公雞）這個詞。

在本頓要去費耶特市（Fayette）演講前，有人揚言，如果他膽敢進入這個城市，生命就有危險，所以當本頓走上費耶特市講壇時，一大批持槍者開始起哄。但是據傑佛遜市《調查者》（*Inquirer*）雜誌報導，「在一刻鐘內，那些鼓噪冒犯的人就被鎮住了。他四小時的演講得到了聽眾的尊重和掌聲。」

然而本頓引起騷動的遊說之行無法遏止那任何一個人或一個州都無法阻擋的潮流。夏末，卡爾霍恩情不自禁、幸災樂禍地寫信給朋友：

據說本頓在密蘇里州支撐不住了。他的同事艾奇遜將軍……說他當參議員的機會和當上教皇的機會一樣大。

而本頓的一位朋友則寫道：

很遺憾本頓先生沉迷於連篇髒話中。當然在這方面他的對手……一點也不落後。密蘇里州二十二種民主黨報刊中有九種沒完沒了地用叛徒、變節者、無賴、煽動者、廢奴主義者和反對奴隸制擴大者等污名來中傷他……我擔心本頓將失敗。

但在遊說旅行結束時，本頓至少對自己的公開表現很有信心，所以寫了一封致密蘇里州人民的信：

我知道，陰謀反對我別無緣由，只因我是所有腐敗政客的天敵……我擁護現在的合眾國，因此卡爾霍恩先生譴責我是南方人民的叛徒……這是他向他密蘇里州的追隨者發出的加害我的信號……現在這個陰謀是既定的了……關於各州有權拒絕承認或執行聯邦法律的決議依靠欺騙獲得了通過，但是眾所周知，我不會遵守……他們指定很多人在密蘇里州各地攻擊我……召開大量會議譴責我……還爭取報刊的幫助……於是許多好公民受騙上當了。

當然他沒能使對手出醜到不得不屈服。在一八四九年十二月，反對本頓的領袖發表聲明，硬說這位資深參議員「魯莽、不誠實、不道德……是一個傷天害理、處心積慮、固執成性的撒謊者……企圖為了一己私利而背叛自己的黨」。當國會再次開會時，卡爾霍恩成功迫使民主黨的領導團隊剝奪本頓在外交委員會以外的其他委員會的所有職務，而讓他留在外交委員會僅僅是為了證實一個捏造的故事：艾奇遜曾豁達大度地為本頓求過情。

本頓即使自尊心再強，也無法迴避確定無疑的事實——這是他當參議員的最後一個任期了——除非出現意外的轉機。他會不會發起一次密蘇里州全體民主黨人會議，來解決他與支持奴隸制的陣營之間的分歧？他大聲駁斥說：「我情願儘快與六千名在聖路易斯死於霍亂的人在一起，也不願與這幫搗蛋鬼一起開會！」那麼，在一八五〇年關於克萊提出的妥協案[14]的大辯論中，他會為南方人說句話嗎？或者至少為了保住他熱愛的參議員席位以便將來繼續戰鬥而在大辯論中保持沉默呢？兩者他都不會做。正如他在密蘇里州的一位同事所回憶的那樣：「……在早年閱讀普魯塔克[15]的著作時，他就下了決心，如果為了國家的利益，必要時他可以犧牲自己的政治生命。」

當密蘇里州激烈展開了州議院提名接替本頓的人選競爭時，本頓在華盛頓堅守崗位，始終直言不諱地譴責那些已被他的選民欣然採納的觀點。本頓寧可慘敗，也不肯在原則上妥協（正如克萊所說〈為了表示一種蔑視〉，本頓長著河馬皮）。他的道義勇氣大大超過比他出名的那些同事。雖然現在本頓遭到西部和南部政治盟友的孤立，他仍然厭惡廢奴主義者，認為他們同樣要為分裂聯邦的局面負責。他對克萊妥協案進行謾罵式攻擊，堅持非同凡響的特立獨行。當主持會議的官員不斷要求他遵守議事規則，安靜下來時，他大發牢騷，冷嘲熱諷一系列構成「偉大妥協案」的措施，並鄙夷地數落妥協案的宣導者。

在本頓看來，所謂的妥協不過是對分離主義者的過分讓步和不必要地把他熱愛的加利福尼亞牽連進來的一種偽裝。把密蘇里妥協案中奴隸制條文推廣到加利福尼亞，從而分裂這個州，把這個州與妥協案捆綁在一起，推遲了加利福尼亞加入合眾國的進程。對於本頓這位約翰·弗里蒙特（John Fremont）上校的岳父、開拓加利福尼亞的英雄來說，這種行為必須受到譴責。他問，如果妥協案失敗了，妨礙了加利福尼亞進入合眾國，該當何罪？

14. 妥協案由輝格黨領袖亨利·克萊等人提出，美國國會於一八五〇年九月通過，使得聯邦政府以和平的方式暫時得以保全。

15. Plutarch（約四六～一二〇年），希臘傳記作家，對十六～十九世紀初的歐洲影響很大，一生作品達兩百二十七本之多，最著名的是《希臘羅馬名人傳》、《道德論集》等。

**本頓：**……到時候該歸咎於誰？我不向來自肯塔基州的參議員（克萊先生）提出這些問題。這麼做也許不合法，按照我國的法律，肯定沒有人自己想犯罪。

**克萊（從席位上站起來）：**我可不要沾法律的光。

**本頓：**作為遵紀守法和慷慨大度的人，我不管他是否聲明要求法律保護，我都會讓他從法律中獲益。現在他應開始考慮自己在使加利福尼亞出現混亂的那群人中承擔什麼責任。在混亂中，加利福尼亞肯定要經歷死亡等不愉快的事情……議長先生，該是結束這種令人啼笑皆非之事的時候了。加利福尼亞因為沒能加入合眾國而感到痛苦。新墨西哥因為得不到保護而感到痛苦。公眾事業因為得不到關注而遭受折騰。國會的聲譽因為工作沒有進展而遭受損害。該是結束這麼多弊端的時候了。我已提出動議，要求無限期推遲審議這一大堆無法對付和不合適的法案，它們相互掣肘和矛盾，最好一個一個按各自的情況進行評定並作出決定。

在這一年期間，還有另外一件聳人聽聞的事件——稱之為「參議院遭遇過的最大羞恥」——反映出南方人對本頓的憤懣難平之情。密西西比州肝火易旺的參議員亨利·富特（Henry Foote）不是一個盲目追隨卡爾霍恩的人，但本頓懷疑他幫助卡爾霍恩耍陰謀，害得他在密蘇里州大敗，富特好幾次發言都聲嘶力竭地謾罵本頓站錯了立場。富特的髒話甚至比他罵的還過分。富特奚落本頓在密蘇里州快要落花流水了，雖然本頓的反擊使他心煩意亂，然而他們嘲笑本頓「靠自己的年齡作盾牌⋯⋯靠自己既有的怯懦作盾牌」。

最後本頓宣稱，如果參議院不能保護他免受這種「莫須有和不光彩的」攻擊，他打算「不惜一切代價來保護自己」。四月十七日，當富特與他又一次唇槍舌劍時，本頓迎面奔向這個密西西比人，然後轉過身來看看一位拖住他的同事。突然富特拔出一把手槍瞄準本頓，本頓引人注目地拉開外衣大喊：「我沒有手槍！讓他射擊吧！讓行刺者開槍吧！」

沒有人開槍。參議院震驚了——儘管「譴責問題專門委員會」僅僅批評這兩個與會者，但是兩人的口水仗沒有就此止住。當聽到富特威脅說要寫一本小書，本頓將是該書的主角時，本頓回答說：「告訴富特，我要寫一本大部頭的著作，不過他在我書中將無足輕重！」（後來本頓確實這麼寫了。）富特在冷嘲熱諷地提及本頓即將在密蘇里州失敗時，他對著參議院大聲說：「如果我們受過專制獨裁的統治，忍辱負重了很多年，先生，差不多耐心忍受了三十年，老天有眼，我們終於可說，

『看到暴君倒臺，羅馬重新獲得自由了』。」

富特完全如願以償。本頓投票反對分離加利福尼亞的提案成為他在參議院的最後一次重要行動。一八五一年一月，三派政見不同的人士——支持本頓的民主黨人、反對本頓的民主黨人和輝格黨人之間激烈的十二天鬥爭達到了高潮，密蘇里州議院在改選參議員的第四十次投票中，選擇了一位輝格黨人。本頓在美國參議院積極參政三十年後，悻悻然地被解除職務，回到家裡。

但本頓毫不氣餒，仍堅決不肯走坦途，在政治上謀求體面的、得民心的退休。第二年，他以聖路易斯州眾議員的身分重返國會。根據反對派的紐澳良《新月報》（*Crescent*）的報導，他的競選運動「絕不饒恕公眾或個人對他的強烈譴責。他用盡了所有的咒罵，從英語全部詞彙中搜遍了鄙夷和嘲笑的詞語」。在最後一次得到公眾追捧而當選之後，他發表了一篇最令人難忘、謾罵最厲害的演講，反對他所屬民主黨的主要政策——《堪薩斯—內布拉斯加法案》（the Kansas-Nebraska Bill）[16]，從而旋即把連任的一切機會拋到九霄雲外。他破口大罵該法案的條款廢止了他所滿意的《密蘇里妥協案》（Missouri Compromise）[17]，同時呼籲從全國大局考慮問題。本頓評論喬治亞州一位眾議員的話說：「他以南方人身分來投票，但他是從宗派的立場投的票。我也是南方人，但對於全國性問題我站在全國的立場進行投票……我出生在南方，我的信念、利益和社會關係都在南方，對於南方具有正當權益的一切事情，我都聽從南方命運的安排。」

儘管一八五四年爭取再次連任的嘗試一敗塗地，愛妻的去世使他悲傷萬分，本頓仍未屈服。一八五五年，他謀求重新進入參議院，結果徒勞無功；一八五六年，在七十四歲時，他又進行了最後一次毫無希望的州長競選。其女潔西·本頓在她的回憶錄中披露，她敢作敢為的父親知道自己罹患致命的喉癌，只有在演講的前幾天絕對不說話，演講才能進行。在他繼續慷慨激昂的演講期間，即使喉嚨充血了，還得旅行一千二百多英哩、孤注一擲地巡迴演講，想打敗輝格黨和反對他的民主黨候選人。當他完成重要的歷史性任務、回到故里時，自己感到雖敗猶榮。

他從未放棄那種炫耀的自尊，為此有人愛戴他，也有人鄙視他。當他的《三十年

16. 此法案開放堪薩斯州與內布拉斯加州人民自由選擇是否保留奴隸制。

17. 蓄奴州及自由州間達成之協議案。在原路易斯安那領地上的新州中，除密蘇里州外，禁止北緯三十六·五度線以北各州蓄奴。又允許麻州北部緬因地區獨立為緬因州（成為自由州），使蓄奴州及自由州在參議院議員的數目達成平衡。

觀感》（*Thirty Year's View*）一書的出版商來詢問他認為應該印多少本時，他高傲地回答：「先生，你可根據最近一次普查所確定的全國家庭數來決定印多少。」這是他唯一的建議。在介紹他的著作時，本頓說：「單是詳述他是哪些法案的主要策劃者的列表，可能就是一部國會立法史了……我國天南地北的人們都知道那份長長的書單，家喻戶曉，耳熟能詳，連剛剛萌生豪情壯志的小男孩也在研讀了……」

他臨終時仍在勤奮工作。當他無力的雙手再也控制不住筆桿時，就依靠一位聽寫員，即使最後低聲的口述中也絲毫無怨無悔：「我很泰然，我很滿足。」他去世後，舉國上下為他哀悼。一生正直清白地從事政治生涯，幾乎沒有為女兒們留下一點財富。

然而，即使他去世了，失敗了，湯瑪斯．哈特．本頓仍然屬於勝利者，因為他當年代表聯邦所作的演講是阻止密蘇里州屈服於迫使它與其他蓄奴州一起脫離聯邦重壓的決定性因素。命運證實了參議員本頓最後一次向選民所做的報告中體現出來的智慧：「我重視實實在在的名聲，那是英雄由於高風亮節而獲得的尊敬。我鄙視徒有虛名，即那種沒有德行就可獲得，沒有罪孽也會失去的虛名……我當參議員三十年……常常不得不反對先入之見以及選民們的第一印象，但始終完全信賴選民理解我的能力以及給我公正評價的正義感，而且我從未失望過。」

Chapter

# 05

# 山姆・休士頓

SAM HOUSTON

1793-1863

“

我號召來自聯邦各地的朋友們堂堂正正地挺身而出，在共同維護國家利益的基礎上清除分歧，根據憲法建立一道堅不可摧的銅牆鐵壁。這需要付出巨大的努力，先生，他們必須預期各種偏見將會從各方面進行抨擊，不管個人會有什麼樣的後果，他們應該對聯邦堅貞不渝。

I call on the friends of the Union from every quarter to come forward like men, and to sacrifice their differences upon the common altar of their country's good, and to form a bulwark around the Constitution that cannot be shaken. It will require manly efforts, sir, and they must expect to meet with prejudices that will assail them from every quarter. They must stand firm to the Union, regardless of all personal consequances.

”

……我並不介意有人稱我為叛徒。

"...I can forget that I am called a traitor."

當最後一位發言人站起來講話尋求認可時，一八五四年第一縷曙光正好射進昏暗的參議院大廳。疲憊、憔悴、未修鬍子的參議員們，經過整整一夜會議的辛苦，萎靡不振地陷坐在椅子裡，嘴裡嘀咕著：「投票表決！投票表決！」希望不要再辯論一項已經肯定會通過的議案了。但是德州參議員山姆．休士頓這位聖哈辛托戰役[1]的英雄不會輕易被逆境搞得垂頭喪氣；當他用渾厚悅耳的聲音向同事大膽、直率和樸實地表達有說服力的想法時，他們大為驚訝，原先使大腦疲乏而不能思索的沉悶麻木一掃而光——挺直腰板，集中注意力認真傾聽。

剛剛結束令人筋疲力盡的激烈辯論，通過了一項法案，稱為《堪薩斯—內布拉斯加法案》，該法案是民主黨一種「團結各州」的新手段和對南方人的最新讓步。它廢止一八二〇年的《密蘇里妥協案》，重新提出擴大奴隸制實施範圍的問題，本來人們認為這個問題已在一八五〇年的妥協法案中得到解決，即允許從愛荷華州到洛磯山脈之間廣大的新準州居民自己決定要否實行奴隸制，設想新準州的北部可以廢奴，西南部可以蓄奴。在民主黨人和南方人看來，《堪薩斯—內布拉斯加法案》成為「必須確立」的法律。

山姆·休士頓是老資格的民主黨人。他生在南方，住在南方，並忠於南方的信念，但山姆並不隨波逐流，他是進入參議院後最獨立、獨特、堅強、受歡迎和耀眼的人之一。作為美國參議院第一位來自德州的參議員，他的名字早已婦孺皆知，因為他當過德克薩斯編制不足、雜亂無章志願兵的總司令，在聖哈辛托擊潰全部墨西哥軍隊，俘獲敵人的將軍，贏得德克薩斯的獨立。他曾是獨立的德克薩斯共和國受到人民擁戴的第一任總統、州議會議員，並且在德克薩斯加入美利堅合眾國成為「州」之前，連任過總統。他已六十四歲，不再易受欺騙，而且與黨派的關係也不足以令他三緘其口。

1. Battle of San Jacinto，一八三六年四月二十一日美軍和墨西哥軍在聖哈辛托河畔的交戰，結果墨軍失敗。

一八二〇年，這位來自田納西州的年輕眾議員支持《密蘇里妥協案》，他把這個法案看做南方和北方之間莊嚴神聖的和約，實際上在德克薩斯加入聯邦時，該法案已是美國憲法的一部分。他也不願放棄本來支持的《一八五〇年妥協案》，儘管德克薩斯脾氣火爆的人對他懷有敵意，說他的投票「是最令人驚訝的醜行，然而對德克薩斯畢竟盡了責」。藉由即席堅定有力、樸實真誠的演講，他懇求神情疲乏的同事們不要使國家在奴隸制問題上陷入新的騷亂。

山姆·休士頓一定知道該法案將會通過，也知道南方民主黨人沒有與他站在一起，正如前一週關於他的立場的謠傳所說，《詢問報》（*Enquirer*）代表他的選民宣稱：「沒有任何理由可以證明他的背叛是正確的，也沒有任何力量能夠挽救變節者免遭背叛使他深受詛咒的厄運。」但是山姆·休士頓仍昂首挺胸，穿著軍人的披風和黑豹皮背心（通常他是戴墨西哥闊邊帽，披著墨西哥毯子露面的），風格獨特，也還不算標新立異，這位「氣派不凡的外邦人」向一批業已疲憊但仍很專心的參議員發表了一次難得的演講：

這是一個顯然有害的措施，難道你們期望我在這裡保持沉默或逃避承擔責任，

Preface

# 推薦序｜當仁不讓端賴非凡勇氣

國立政治大學國際事務學院院長　李明

大家都知道美國總統甘迺迪是一位不世出的勇者，他在1962年古巴飛彈危機時，勇敢地面對蘇聯總書記赫魯雪夫（Nikita Khrushchev）的挑戰，英勇地逼退了赫魯雪夫，遷走放置在古巴、瞄準美國的幾十枚中短程飛彈，並且成功地化解了一場可能毀滅全人類的核武危機。甘迺迪表現的勇氣，來自於他的歷練、意志、和他的團隊。

但他更早的傳奇性故事，是他在二次世界大戰時，和日軍在太平洋作戰時所展現的智慧和勇氣。甘迺迪的小砲艇遭到日軍擊沉，他帶領同袍艱苦滯留海上孤島七天後終於獲救。因為他的英勇，甘迺迪榮獲二戰紫心勳章、亞洲太平洋戰爭獎章、第二次世界大戰勝利獎章等，他聲名遠播，也奠定了日後從政的基石。

甘迺迪在1946年參加眾議員選舉獲勝，又在1952年贏得麻州參議員席次，他也是1960年勝選的美國總統。古巴飛彈危機在1962年10月16日至28日經歷的「驚爆十三天」（The Thirteen Days）是甘迺迪從政生涯的最大考驗，也成為他的不朽亮點。

早在1956年，他寫了一本《當仁不讓》（*Profiles in Courage*）的書，

講述了美國歷史上的八位著名參議員的職業生涯，他這本書居然成為全美暢銷書，並且在1957年獲頒普利茲傳記文學獎。

一位政治人物能寫出這樣一本臧否前人功過，篩選出他心目中的標竿，是一件不容易的事。有人說這本書作者可能另有其人，甘迺迪的文膽、後來一直幫助甘迺迪撰寫演說稿的索倫森（Theodore C. Sorensen）是當時政界猜測的對象，但是索倫森卻矢口否認，可能是為了護衛他的老闆。不過，據信，索倫森正是為甘迺迪寫出「不要問國家為你做什麼，而要問你為國家做什麼」（Ask not what your country can do for you, ask what you can do for your country）那句名言的背後操刀之人。至於《當仁不讓》真正是誰主筆的，或許也就不再那麼重要了。

《當仁不讓》的中譯本，是在1963年12月由「今日世界社」出版的，距今已半個世紀有餘，坊間已很難再找到這本文辭雋永的好書，如今全新譯本面世，易名為《正直與勇氣》，也不失其存真及傳世的價值。

甘迺迪的弟弟羅伯·甘迺迪在該書首版前言提到他的哥哥說，「勇氣是甘迺迪總統最欣賞的美德」，羅伯說他從來沒聽見哥哥抱怨過任何一句，也沒聽過他哥哥話中有任何一絲抱怨上帝不公平的暗示。甘迺迪總統「展現出了毅力、勇氣、幫助有需求之人的決心、以及真正的愛國心」。羅伯更說，甘迺迪總統喜歡引用但丁的話：「地獄裡最熱的地方，是留給那些在重大道德爭議之中，仍保持中立的人」。真

是壯哉斯言！羅伯說美國「必須展現耐心、自制力與憐憫心，還要有智慧、力量與勇氣，才能替棘手的問題找到難以尋獲的答案」。如今讀來真的令人覺得震聾發聵。

2003年甘迺迪女兒卡洛琳（Caroline Kennedy）為這本再版好書撰寫引言，她提到父親在古巴飛彈危機期間，並沒有立刻下令進行空襲，而是採取了外交手段避免核子戰爭慘劇發生。因此她的父親，「在壓力下展現的優雅和聰明的判斷力，讓美國與蘇聯關係展開了新的一章」，並且有機會使這兩個超級強國進行各種有利於世界發展的協商。當時甘迺迪的想法並不被許多人所理解或看好，甚至高級將領也不支持他的政策，甘乃迪以勸說、施壓遂行其意志，可謂無所不用其極。古巴飛彈危機讓世人見識了甘迺迪的正直和勇氣。所以卡洛琳說，「妥協和堅持己見也成了一種勇氣」，此話並不算誇大。

作者甘迺迪總統則誠實地提到他在進入參議院之前，讀到了約翰・昆西・亞當斯（John Quincy Adams）的文章和他與聯邦黨（The Federal Party）的衝突，使他也考慮到，「當面臨選民壓力時，是否會保持著政治勇氣？」。他對本書提到的八位參議員各自的行事風格進行研究，也從中獲得寶貴的啟發。最後他也感謝他的妻子賈桂琳給他「鼓勵、協助和批評」。從這裡我們知道，養成一位傑出的政治家並不容易；也同時肯定這位政治家如甘迺迪者，日後在與人類福祉有關的重大抉擇當中，是如何做到謙虛和謹慎，對世界的存續貢獻至大。

本書提到的參議員都不簡單，他們經歷了人生重大的挑戰和抉

擇，他們承受著比常人更大的壓力，卻展現了不屈不撓的風度。他們共同的特點，是他們的理念和行動不被當代人理解、不受當代人支持，甚至他們的品行受到詆毀，有些人則更遭遇無情的人身攻擊，但是他們都將國家利益置於個人利益之上、將政治考慮超越黨派，堅守原則不改初衷。那些具有莫大勇氣的參議員普遍含冤莫白，可能不再有機會連任，有些失去了更上層樓、或當選總統的機會，但他們並不屈服。他們是後世政治人物的明燈，更是美國成為民主強國的張本，他們的高風亮節，終究為後世所知，受到後人緬懷尊崇。

中國古老智慧當中，有頗多可與「正直與勇氣」遙相對照。《中庸》有云：「肫肫其仁，淵淵其淵，浩浩其天。苟不固聰明聖知達天德者，其孰能知之？」意思是說，「具有仁心的誠懇，像深淵一樣的深靜，廣大跟天體一樣，要不是本來就聰明聖智而通達天德的人，誰又能瞭解他呢」？作為具有遠見的政治人物，能獲當代人理解支持者幾希！

然而這並不表示擇善固執不值得尊敬，相反地，堅持正直與勇氣更是人間至寶！《論語》說：「見義不為，無勇也」（〈八佾第三〉）。再者，《孟子》亦云：「自反而不縮，雖褐寬博，無不惴焉？自反而縮，雖千萬人，吾往矣！」（〈公孫丑上篇〉）。

東西方思想在這個道理上交會呼應，政治人物秉持的正道何在，輪廓似乎更加清晰了！這本書的出版應獲得掌聲，是為序。

不去責備南方人將會造成我認為可能產生的那種後果嗎？儘管面臨恐嚇、威脅和反對，我還是要發言。先生們，因我同意廢奴主義者或自由土壤黨人的觀點而指責我，這於我無損。自覺循名履職常常使我必須面對我所居住、交往和喜愛之處的一大批人……如果恪盡職責只是為了謀取南方人的好感，那麼我作為一個南方人，不會這麼做。我絕不會這麼做……我們的孩子將來要嘛生活在安寧、和諧與繁榮之中，要嘛依舊處在混亂、紛爭和騷動之中。我們可以避免後一種災難，我相信我們能夠避免……我要求你們認真對待為維護聯邦統一與和諧而訂立的和約。恪守《密蘇里妥協案》！不要煽動騷亂！讓我們獲得和平！

休士頓後來說：「這是我做過最不受歡迎、但最明智、最愛國的一次投票。」可以肯定，他的這次投票最不受歡迎。當老山姆第一次走進參議院時，新誕生的德克薩斯州主要關心鐵路、土地、債務和邊界問題，沒有特別強烈的南方情結。但是現在德克薩斯州有十五萬得力的奴隸，同時基本上由南方其他各州的公民組成的民主黨人口在該州人口中占絕大多數，所以該州認為休士頓攻擊的正是他們的利益，他們幾乎異口同聲地稱休士頓顯然「在參議院裡背叛了他的本州」、「與廢奴主義者一鼻孔出氣」、「把南方遺棄了」。表決是七十三比三，參議院讚賞休士頓的同事支持了《堪薩斯—內布拉斯加法案》，而譴責一度是該州有史以來最值得稱道的英雄——休士頓的立場。德州民主黨大會怒斥這位偉大的戰士「沒有遵照德州民主黨人的精神辦事」。達拉斯《先驅報》（*Herald*）要求休士頓辭掉擔任的現職，國會不要「保留他已不能代表德克薩斯人從而失去了資格的職位……讓他這一次用心聽聽遭到背叛、憤怒不已的選民的聲音，這樣德克薩斯也許可以統一意見，在參議院組成統一陣線」。

更糟的是，這不是對參議員休士頓的第一次進攻，正如震怒的克拉克斯維爾市《標準報》（*Standard*）所描述的那樣，這是「壓垮駱駝的最後一根稻草」。在俄勒岡問題上，他與約翰·卡爾霍恩爭吵，說自己是一個「以合眾國為指路星」的南方人，「絕不害怕北方設法破壞南方，儘管有了老頭老太和漂亮姑娘都簽過字的文件」。「南方是被自己打敗的——如果大家團結一致，本來勝券在握！」——當卡爾霍恩公開批評休士頓和本頓為他的對手提供取勝的機會，一份有影響力的迪克西[2]報紙如是說。但是山姆·休士頓僅僅回答道：「我既不胸懷北方，也不胸懷南方，我只胸懷合眾國。」

此外，他原本與卡爾霍恩的「不干涉」奴隸制決議案和「南方演說」毫無關係，如果他沒有抨擊南方人膜拜的賢者卡爾霍恩「處心積慮、明目張膽地謀劃反對聯邦」，並且一直向參議院表明他山姆．休士頓「在參議院代表的是全體美國人民」。但是德克薩斯州議會通過了卡爾霍恩的決議案，而對雄心勃勃的前德克薩斯共和國總統則持懷疑態度。無論南方還是北方，都曾有人提名休士頓為一八五二年或一八五六年入主白宮的候選人。

最後，休士頓是第一個抨擊卡爾霍恩反對《一八五〇年妥協案》的傑出參議員。他引用《聖經》上的話，稱那些揚言要脫離聯邦的威脅只是：「海裡的狂浪，湧出自己可恥的泡沫來……」

先生們，大家想一想，德克薩斯人歷盡多少艱難才進入聯邦，難道你能煽動它脫離聯邦？辦不到，先生……我們是經過流血犧牲才加入的……我們是最後加入聯邦

2. Dixie，美國南方的暱稱。

的州之一，既然成了聯邦一員，即使脫離也會是最後一個離開……我號召來自聯邦各地的朋友們堂堂正正地挺身而出，在共同維護國家利益的基礎上清除分歧，根據憲法建立一道堅不可摧的銅牆鐵壁。這需要付出巨大的努力，先生，他們必須預期各種偏見將會從各方面進行抨擊，不管個人會有什麼樣的後果，他們應該對聯邦堅貞不渝。

因此，在一八五四年那個激烈爭論的拂曉，休士頓獨自投票反對《堪薩斯－內布拉斯加法案》，這確實成了「最後一根稻草」。參議院裡鬧哄哄，議員交頭接耳地說，休士頓這位充滿傳奇色彩的將軍，這回真的是最後一任了。與他共事過的傑出參議員看不慣他的奇裝異服，也不贊成他在嘀咕別的參議員發言冗長時，習慣用松木手杖惱火地戳打參議院地板。但是他們不得不欽佩他當仁不讓的勇氣和率直的個人主義，這種個人特質在他的自傳序言中表達得更直截了當：「這本書將會使我失去一些朋友，但是即使我失去了一切，毫無收穫，看在上帝的份上，作為一個自由人，我還是要出版這本書的……」

山姆·休士頓在一個世紀前生活中的矛盾在今天看來似乎不可調和。儘管已經蒐集到無數日記、演講稿和文件可以闡明他生活和成就的各種面向，然而在政治舞臺中心的休士頓仍籠罩在陰影中，不易被人理解。當時在他朋友眼裡，他是一個神祕人物，而對今天潛心研究他的歷史學家來說，他是一個深不可測的角色。當我們閱讀他的一封信或一則日記，他似乎袒露心扉，毫無提防，可是等我們讀完，卻覺得好像沒有瞭解到什麼新東西。誰都無法確切地說出山姆・休士頓行事的準則——他自己的、德州的、還是國家的準則。

他具有遠大的抱負，可是到最後，他為堅持原則放棄了已贏得或曾要求的一切。他是南方人，但他堅定不移地忠於聯邦。他是一個奴隸主，卻捍衛那些要求國會反對奴隸制的北方人部長的權利。他是一個臭名昭著的酗酒者，卻多次發誓要戒酒。他是切羅基人[3]的養子，卻是在與克里克族[4]交戰中旗開得勝，第一次在軍事上享有名聲。他擔任過田納西州州長，後來卻又在德州當選為參議員。他能寬宏大量，

3. Cherokee，經聯邦政府認可的原住民族中人數最多的一支，在一六〇〇年代生活於北美洲的民族。

4. Creek，北美印地安人的一支，原居住在喬治亞和阿拉巴馬。

但報復心也強；他能和善可親，但也會殘酷無情；他有點古怪，但對自我有清醒認知；他可以忠心耿耿，但也是個機會主義者。但是山姆·休士頓的性格矛盾實際上證明了他基本一貫的素質：不屈不撓的個人主義，有時候氣度不凡，有時候粗魯冒犯，有時候神祕莫測，不過始終表現出英勇無畏。他可以為全體人民奉獻一切，然而在自己面臨最大的挑戰時，他也忠於自己，忠於德克薩斯。山姆·休士頓內心的焦慮也是內戰之前爭論不休的年月裡，美國所深感痛苦的那些焦慮，他各式多樣的獨特性反映他所熟悉的邊遠地區人民原始的感情。

當他還是一個充滿夢想和難以管教的男孩時，他就從田納西邊界老家逃了出來，當了切羅基人的養子，接受洗禮時被命名為「科隆內」（Co-lon-neh），即「渡鴉」之意。一八一三年在安德魯·傑克遜（Andrew Jackson）麾下當陸軍軍官。在馬掌彎（Horseshoe）戰役中，他孤身一人衝進敵人的防線，右手臂被敵人的子彈打斷，他的戰友隱蔽在他身後的山丘中。他身材英挺、頗具穿衣品味，兼備能言善辯的才華，簡直天生的演員。在田納西州，他扶搖直上、聲譽鵲起，先是當上律師和眾議員，最後在三十五歲當上州長，當他最輝煌、他的朋友傑克遜希望他當上總統的時候，卻突然辭去州長職務，讓別人一頭霧水。他在婚後不久發現，年輕美貌的新娘是在其野心很大的父親逼迫下才與他結為連理，事實上她愛的是另外一個男人。休士頓的心都碎了。他顧不上遵守切羅基部落的文明，沉湎於酗酒，神魂顛倒，不問政治。幾年後，他才恢復正常，重新追求目標。他一直忠心耿耿追隨的傑克遜將軍派他到德克薩斯，他在那英勇無比的戰鬥事績像佛吉谷[5]和蓋茨堡[6]一樣成為美國民間傳說中激動人心的篇章。但是無論個人的開拓之舉、崇拜者的溢美之詞，還是幸福的再婚，都無法消除他內心的憂愁和鬱悶，到了一八五六年，由於政治失敗快要臨近，這種憂鬱似乎更加明顯。

不過山姆·休士頓不會悶悶不樂地呆坐著，讓關於失敗將近的傳言成真。在參議院秋季休會期間，他在德州幾次旅行，把卡爾霍恩與「無所顧忌地蠱惑人心的政

5. Valley Forge，位於美國賓夕法尼亞州費城西北，為一戰略要衝。一七七七～一七七八年冬，美國獨立戰爭時，華盛頓曾率部隊在此紮營。

6. Gettysburg，美國賓夕法尼亞州南部一個自治鎮。一八六三年七月成為南北戰爭期間一決定性戰役的戰場。一八六三年十一月十九日林肯總統在蓋茨堡國家公墓落成典禮上發表過舉世聞名的演說。

客」相提並論，稱傑佛遜・戴維斯（Jefferson Davis）「像路西法一樣野心勃勃，像蜥蜴一樣冷漠無情」，同時他同樣理直氣壯地譴責「北部瘋狂的執拗」和「南部瘋狂的野心」。在半開化的印第安部落的多年生活使他沒能成為尊重政府高層的人，早些時候，他曾把自己的偶像安德魯・傑克遜的仇敵——一個眾議員痛打了一頓（後來他對朋友說這件事使他「一生頗感羞愧。我以為我抓住了一條大狗，結果發現那只是一條嗷嗷哀叫的卑劣小狗」）。

當他宣佈參加一八五七年州長競選時，他給了德克薩斯官場重重一擊。他不願以民主黨人身分競選，也不想以任何派別或報刊的候選人去競選，甚至不願從參議院辭職。他以山姆・休士頓獨立的身分競選，「振興德克薩斯州的政治。人民需要鼓舞，我能夠激勵他們的士氣」。

在民主黨人占主導地位、德克薩斯州的第一次真正選戰中，他那振聾發聵的演講喚起群情激昂。在炎熱夏季的競選活動中，他經常脫下襯衫，使用大量兇狠呵斥和尖刻嘲諷，向來自德克薩斯各地的聽眾慷慨陳詞。他身高超過六英尺，背挺得像箭一樣直，肌肉結實優美，當他陶醉於用挖苦的話語搞得參議院的尊嚴幾乎蕩然無存時，他深邃的眼睛朝對手射去輕蔑的目光，同時流露出奚落他們政策的神情。有份與他打對臺的報紙，將他一次演說評價為「謾罵和自負的混合……不受歷史事實的約束……不用文雅體面的語言……整篇演說的特點就是從頭至尾充斥著盜賊、無賴和謀殺者之類的詞語」，這在某種程度上來說是準確的。當競選旅行的某一站，郡法院拒絕讓他演說時，他冷靜自信地對群眾說沒關係：

我不是這裡的納稅人。我沒有為這座大廈添置一塊磚或一根釘付過錢，所以我沒有權利在這裡演說。但是如果在我聲音傳播範圍內，有人願意聽山姆・休士頓演說，並且跟我走到那邊山下，我有權在德克薩斯州的土地上演說，因為我在這裡曾灑下了自己的熱血。

鑒於有人斥責他是叛徒，也有人斥責他是「一無所知黨」[7]成員（因他與那個偏狹但非地方主義的政黨一度過從甚密），他寫信給妻子說：「我不在乎他們潑污

7. Know-Nothing，十九世紀五〇年代反對新來移民和天主教徒政治勢力的黨派。

水，因為它們會像鴨背上的水珠一樣滑落，沾不上身體。」

但是他無法為自己在堪薩斯和南方其他政策措施投的票向憤怒的選民辯解，德州頭一個痛擊了山姆．休士頓的政治事業。與他敵對的《時事報》（*Gazette*）說，如今他應該從參議院辭職，而不是「繼續待在辦公室徒勞無功……只是領取每日津貼」。不過山姆．休士頓感到鼓舞的是，票選結果僅因兩三票的差額而失敗，所以，他返回華盛頓並在參議院履行最後幾年職責時，他的信仰絲毫沒有動搖。當南方一個敵手在參議院嘲諷休士頓投票反對《堪薩斯－內布拉斯加法案》註定了他的失敗命運時，休士頓僅僅莞爾一笑，「我確實從選民那裡得到了非常真誠和令人滿意的保證，他們打算卸除我在這裡繼續服務的責任……」他的判斷沒有錯。一八五七年十一月十日，德州議會真的粗暴地解除了山姆．休士頓的職務，並且選出一個更加好鬥的南方發言人來接替他。

在向參議院同事告別時，休士頓表示他要「兩袖清風，一身正氣地」退休：

我希望我的墳墓前刻在木板或大理石上最驕傲的墓誌銘是：「他熱愛祖國，忠心愛國，把一生貢獻給了合眾國。」如果是為此我受苦受難，那麼，在辭職時仍然不與那些揮舞著祭牲的大刀者同流合污，我亦心滿意足了。

但是山姆．休士頓退出參議院，不等於這位原參議員在政治上當仁不讓的故事就結束了。這位斗膽無畏的原參議員回到德州的牧場後，發現他不能就此隱退，因為兩年前打敗他的那個州長揚言要帶領該州脫離聯邦。所以在一八五九年秋，這個日益衰老的鬥士再次以獨立候選人身分參加州長競選，再一次沒有黨派、媒體或任何組織作後盾，只發表了一次競選演說。他用依舊動人心弦的嗓音對聽眾說，他將「依靠憲法和合眾國，依靠我曾公開表明或正式實踐過的安德魯．傑克遜總統時代所有傳統的民主信條……在政界我是一個保守派，因為我孜孜不倦地恪守我國政府賴以建立的那些基本原則」。

儘管他的對手一再表示脫離聯邦和在德克薩斯開展奴隸貿易不是真正的爭端所在，但是休士頓堅決繼續關注和希望解決這些爭端，並堅持兌現自己防範墨西哥和印第安人邊境恐怖活動的承諾。這是一次艱難的競選，民主黨人和報刊都氣勢洶洶地抨擊休士頓，再次指責休士頓邪惡和怯懦。

但奇怪的是，他提出的問題（儘管提得很倉促）很有吸引力；有一批老同志仍追隨他；人們對他的對手執政治國感到厭惡；退休之前他在參議院揭露一位聯邦法官的腐敗行為，從而重新獲得了聲譽，在他回到心愛的德州後，人們對他的好感油然而生。所有這些因素結合起來，使山姆·休士頓當選州長，兩年前的敗局完全扭轉了過來。這是南方極端分子十年內第一次遭到的挫折，於是無地自容的德克薩斯州報紙攻擊這位當選州長是「一個應當永世不得翻身的叛徒」和「南方最大的敵人——南方自由土壤黨人之一」。

推動他事業前進的傑克遜時代傳統民族主義，現在面臨最嚴峻的考驗。休士頓州長依然認為，完全與他為敵的民主黨人州議會並不真正代表人民，因此，他不尋先例在州議會聯席會議、而是在州議會大廈臺階前直接向老百姓發表就職演說。對聚集在州議會大廈廣場上的大批聽眾，休斯頓申明他是人民的州長，不是任何黨派的州長——「自從德克薩斯州與美國的命運聯結在一起之後，她既不參加北方一邊，也不參加南方一邊；她的聯繫不是地方性的，而是全國性的。」

可惜他的當選並未能消弭與對手的分歧。在一八六〇年民主黨全國代表大會上，有個紐約人說山姆·休士頓是一個「獲得了偉大勝利而響遍全國」的名字時，德州代表團團長、前州長朗內爾斯（Runnels）跳起來說：「天啊！先生，我是最近與山姆·休士頓爭奪州長職位失敗的人，任何頌揚他的話都使我深惡痛絕！」

休士頓在一八六〇年向州議會發表第一篇州情諮文中顯然提到了這些敵人：

不管自欺欺人的狂熱分子如何胡言亂語，也不管極端的聯邦分裂主義者如何卑鄙無恥地進行威脅，對我們共同國家的熱愛一如既往地在德克薩斯州守舊人民的心中熊熊燃燒……德克薩斯州將恪守憲法，支持聯邦。只有這樣，才能拯救我們整個國家。一旦國家遭到破壞，我們就將面臨滄海橫流。

當南卡羅來納州邀請德克薩斯派代表參加南方大會，抗議「對奴隸制和南方權利的攻擊」時，休士頓出於禮貌把信轉交給州議會，但他在一份精心撰寫的文件中提醒道：「聯邦應當成為一種永恆的體制。」通過巧妙的政治手段，他阻止了德克薩斯接受南卡羅來納的邀請，這使得喬治亞州參議員艾佛森（Iverson）出面號召一些「德克薩斯州的布魯圖斯[8]」行動起來，「把這個頭髮花白的夢淫妖從這個國家趕出去」。在一八六〇年激烈的總統競選運動中，隨著支持脫離聯邦的情緒日益占上風，休士頓州長只能懇求焦急的選民拭目以待，林肯先生倘若當上總統會持什麼態度。但是他作為林肯的競選搭檔，在共和黨代表大會上得到一些自發性的選票，此事實給了對手更多的彈藥。在亨德森城於八月份莫名其妙地發生一場大火後，休士頓州長無法阻擋施用私刑的浪潮，黑人將起義和縱火的謠傳，導致市民自發組織許多治安委員會，對州長的無所作為怒形於色。休士頓在韋科市發表譴責脫離聯邦的演說，接著有人在他下榻的旅館後面引爆一小桶炸藥，幸而他未受傷害。他不顧個人或政治生涯面臨的危險，九月從病榻中起身，發出最後一次呼籲：

> 我不要求靠地方主義去打敗地方主義，而是要求靠舉國團結來打敗地方主義……這些都不是我的新觀點。一八五六年我在美國參議院就講過這些話。現在我還這麼說。當時我被指責為叛徒。現在仍然受到這樣的指責。隨他們的便吧！從來沒有像我這樣為國家忍受過貧困、艱辛和風險的人被稱為叛徒，因為我願意遵守憲法，服從於按憲法組織的機構。讓那些人吃吃我為聯邦吃過的苦頭，他們會感到聯邦緊緊縈繞在心頭，如果拋棄它，就會像切斷生命線一樣……稱我為叛徒的是些什麼人？難道會是在國旗下前進，準備捍衛國旗的人嗎？國旗正在指引我……只要國旗在我頭上自豪地飄揚，即使是在那些人沒有經歷過的暴風驟雨中飄揚，我並不介意別人

稱我為叛徒。

亞伯拉罕．林肯（Abraham Lincoln）一當上總統，在整個德州，孤星旗[9]立刻在激動和摩拳擦掌的氣氛中升起。人們把休士頓有關「德克薩斯州要為自己在『聯邦中的權利以及為了聯邦』而抗爭」的呼籲當作耳邊風。報紙一下子全在宣揚要老百姓順從，在脫離聯邦大會召開之時，也把休士頓州長撂在一邊。

山姆．休士頓竭盡全力抓住對政府的控制。他召開一次州議會特別會議，譴責北方和南方的極端主義分子，反覆表示他「沒有失去在聯邦內維護我們權利的希望」。他說，如果沒有失去這個希望，獨立比加入南方陣營更可取。

但是阻擋不住地，脫離聯邦的代表大會領袖的行動得到州議會的認可，並且聯邦在德克薩斯州的指揮官臨陣出走也幫了他們的忙。他們一味想要脫離聯邦的行動，

8. Brutus，傳說中的特洛伊英雄、英國人的祖先。
9. Lone Star Flag，德克薩斯州州旗，因州旗圖案上只有一顆星，故名；孤星州也成了德州的別名。

僅僅在他們既恨又怕的州長突然出現時才暫時受到干擾。在脫離聯邦的法案行將通過的那一天，山姆．休士頓坐在講壇上，悶悶不樂，一聲不響，但是他的出席重新振足了幾個擁護聯邦者的勇氣。歷史學家沃頓（Wharton）認為，「對於那些念念不忘他在聖哈辛托戰役驚天動地的事蹟的人來說，我覺得當他昂首闊步地走進在奧斯汀召開的脫離聯邦的代表大會，蔑視並鎮住大會時，這給他們的勇氣遠遠超過一千倍」。在休士頓出席會議所帶來的震撼鼓舞下，詹姆斯．斯羅克莫頓（James W. Throckmorton）成為七個投票反對脫離聯邦的人之一。當詹姆斯聽到一片響亮刺耳的喝倒采聲時，他站起來，作出令人難忘的回答：「當一群烏合之眾發出噓聲時，愛國者難道心裡就發怵不成？」

然而當脫離聯邦的法案獲得通過，一個月後提交人民票決時，幾乎沒有一個愛國者心裡發怵。於是這位鬥志昂揚的前參議員立即為了維護德州在聯邦中的地位，一個人到處巡迴演說。在整個州，他碰到很多臉色難看的群眾、扔過來的石頭和「叛徒叛徒」的斥責聲。在韋科市，他的生命受到過威脅。在貝爾頓，有個武裝暴徒突然起立向他衝來。老山姆．休士頓直視著這個人的眼睛，兩隻手分別搭在自己的手槍上：「女士們，先生們，請大家坐著不動。無非是小狗在窩裡朝著獅子吠叫，沒事！」他毫髮未傷，用有力的嘲諷戰勝了敵人，以獨特的方式化險為夷。有人要他坦率談談對謀求脫離聯邦的領袖的看法，休士頓回答說：「除了忠誠外，狗的其他所有特性他都有。」現在老山姆已經七十歲了，但他仍然目光敏銳，白髮茂密，姿態筆挺，氣度不凡。他在蓋維斯頓一個起哄和醜陋的惡棍面前結束了他的巡迴演說。「你們有些人嘲笑脫離聯邦會引起流血犧牲的想法，」他大聲說，「但是讓我告訴你將會發生什麼狀況。在損失不計其數的財富和成千上萬條寶貴生命之後，如果上帝不反對，你們唯一的可能也僅僅是贏得南方的獨立。然而我不信你們能贏，北方決心捍衛聯邦的完整。」

他的預言沒有引起重視。二月二十三日，德州進行票決，多數人同意脫離聯邦；三月二日，在紀念休士頓誕辰和德克薩斯獨立這一天，在奧斯汀召開了特別代表大會，宣佈德州退出聯邦。休士頓竭力設法重新獲得主動權，表示他將向州議會說明處理此事的計畫。特別代表大會對休士頓堅持認為大會的立法權已經結束十分惱怒。以一〇九比二絕對多數票決通過德克薩斯屬於南部邦聯一部分，並且下令所有州官必須在三月十四日重新進行效忠宣誓。對此，州長祕書僅僅回答說，休士頓州長「不承認這個代表大會的存在，認為大會的行動對他沒有約束力」。

正如一位目擊者所說，三月十四日，會議大廳裡「擠滿了人……激情澎湃的人們興奮得面紅耳赤，並且因為預期將發生報復性的較量而精神勃發。空氣中迴蕩著各種喧鬧的聲音——憤怒的聲音，洋洋得意的聲音，時而夾雜著詛咒或輕蔑嘲諷的聲音，但是沒聽到山姆．休士頓的聲音」。

在規定的時間，大會工作人員奉命對州官點名。廣大聽眾一片肅靜，每雙眼睛焦急地仔細尋找，希望一眼就見到那位老英雄。

「山姆．休士頓！」沒有應答。

「山姆．休士頓！山姆．休士頓！」聽眾中低沉輕蔑的聲音又響起來。

美國南部邦聯德克薩斯州州長職位宣告正式空缺。副州長愛德華．克拉克（Edward Clark）這個「微不足道、卑鄙無恥、精力充沛和冒失無禮的傢伙」站出來宣誓。（他曾是休士頓的私交和親密的政治盟友，是靠休士頓的選票當選的。後來他走進行政辦公室要求查閱州檔案時，他以前的導師坐在輪椅上慢慢過來面對他輕侮地提問：「先生，你叫什麼名字？」）

在州議會大廈的另一個大廳，這位聖哈辛托戰役的英雄，把他一生的政治際遇、名聲和人民對他的忠心全都撇在一邊，黯然神傷地完成了最後一篇以州長身分寫的文章：

公民同胞們，為了你們的權利和自由（我認為這些都已經遭到踐踏），我拒絕進行宣誓。為了我自己的良心和人格……我拒絕進行宣誓……我非常熱愛德克薩斯，絕不會讓她遭受內戰和流血犧牲。除了和平地履行我的職責外，我絕不竭力維持州長的權威。如果我再也不能循名責實，我將冷靜地從這裡撤走……我垮臺了，因為我不放棄為之奮鬥的那些原則……我感到最痛苦的是以德克薩斯州的名義對我進行攻擊。

# Part 3

# Profiles in Courage

# 時代背景

代價昂貴的南北交戰結束，卻並未在政治戰線上恢復和平與統一。阿波馬托克斯[1]投降儀式結束了兄弟之間的殘殺，但是它沒有停止政治侵犯、經濟掠奪和地方之間的仇恨，這種仇恨仍舊折磨著分裂的國家。「梅森—狄克森線」[2]兩側強烈的仇恨在內戰後大約二十年內還沒有削弱。丹尼爾·韋伯斯特、湯瑪斯·哈特·本頓和山姆·休士頓都曾被這種敵意圍困。北方謀求治癒國家創傷，並抱著仁慈和公正的態度對待南方的那些人，像安德魯·詹森[3]總統，以及當他受到彈劾時站在他那邊的一些參議員，都被某些煽動群眾進行復仇的人抨擊為缺乏愛國主義。南方謀求向全國表明他們已經拋棄本地區狂熱地方主義的那些人，像密西西比州盧修斯·奎塔斯·辛辛納塔斯·拉馬爾（Lucius Quintus Cininnatus Lamar），則被選民抨擊為倒向凱旋敵人的逃兵。當有人問南部邦聯將軍鮑勃·圖姆斯（Bob Toombs）為什麼不請求國會原諒時，圖姆斯泰然自若地回答：「有什麼要原諒的？我還沒原諒北方呢！」

★ The Time and the Place

但是漸漸地，關於解放奴隸和南方重建問題上的舊衝突開始弱化，新開放的西部和曾遭摧殘的南部的發展為參議院帶來新問題和新面孔。參議院再也不是最傑出制憲律師的講壇，立憲問題不再左右美國公眾的生活。掙錢容易、一夜暴富、政治機構日益強大及明目張膽的腐敗，都使國家發生了很大的改變。參議院作為合適的民主立法機構，準確地反映著國家狀況。企業律師和黨魁取代立憲演說家，成為這個喧囂時代的發言人，比起在看起來呆板、不引人矚目的政府裡工作，美國許多能人賢士在金融和工業發達的地方，更容易有名有利。（有位編輯評論說，如果丹尼爾·韋伯斯特生活在這個年代，他很可能「既不會舉債，也不會當參議員」。）在

---

1. Appomattox，美國維吉尼亞州中南部一城鎮，南北戰爭時期（一八六五年四月九日），羅伯特·李（Robert E. Lee）將軍率領南軍向格蘭特（Ulysses S. Grant）率領的北軍在此投降，現為歷史公園。
2. Mason-Dixon line，原為美國馬里蘭州與賓夕法尼亞州之間的分界線，南北戰爭之前，它同俄亥俄河一起被視為南部蓄奴州與北部禁奴州的分界線。全長三百七十五公里，一七六三～一七六七年間由英國天文學家梅森（一七二八～一七八六年）和土地測量員狄克森（一七三三～一七七九年）共同測定。
3. Andrew Johnson（一八〇八～一八七五年），美國第十七任總統（一八六五～一八六九年）。內戰時期支持聯邦政府的唯一南方參議員。民主黨人。一八六四年當選副總統，一八六五年林肯遇刺後繼任總統。因對南方重建採取過寬政策，與共和黨激進派發生矛盾。一八六七年國會提出對他彈劾。

西部得到開發後，十一個新的州很快加入聯邦，二十二名新的參議員和一個新的大會議廳沖淡了原來特殊的氣氛。地方主義、互投贊成票以通過有利於彼此的法案、以及一系列近乎瘋狂的運動——其中使盧修斯·拉馬爾陷入困境的「自由鑄造銀幣運動」[4]剛剛開始，干擾著參議院對國內經濟問題的考量。

有位參議員疲於不斷為地方特權、河流和港口建設計劃以及接受關稅保護的行業爭論不休，他抱怨說：「我們變成了僅僅為當地馬鈴薯田和捲心菜田而操心的一群人。」

威廉·艾倫·懷特（William Allen White）說，參議員不僅代表州和地區，並且代表「財閥、權貴和企業」：

例如一位參議員代表太平洋聯合鐵路公司，另一位代表紐約中央鐵路公司，還有一位代表保險公司……煤鐵企業也擁有一小批代表……棉花企業擁有十二位參議員。例子還有很多……這是財閥統治式的封建制度……特受推崇。作為大金融利益集團的代表很自豪。

懷特曾談到一次對話中，資深參議員戴維斯（Davis）向新當選的參議員描述在那喧囂的日子裡，他的同事從過道走來時的特徵：「像豺狼，像兀鷲，像監守自盜的牧羊犬，像大猩猩，像鱷魚，像嗡嗡作聲的小蟲子，像咯咯孵蛋的老母雞，像鴿子，也像公火雞。」當時，懷特寫道：「當一大幫子貪婪、粗魯、狡猾和傲慢的西部人大搖大擺地走進參議院時，法官戴維斯短壯的食指指著一個參議員叫嚷道：『這是一隻狼，一隻惹人討厭、饑腸轆轆、鬼鬼祟祟、膽戰心驚的狼！』」

因此到十九世紀末，參議院的權勢和威望幾乎都接近最低潮。參議院權力的下降是在格蘭特[5]執政結束後不久開始的。在此前，參議院曾羞辱過詹森總統並左右過格蘭特總統，在國會治理方式上幾乎鋒芒畢露，參議員在就餐時甚至有權位於內閣

---

4. Free Silver Movement，十九世紀後期美國提倡自由鑄造銀幣的運動。一八七八年通過《布蘭德─阿利森法案》，恢復銀元的合法貨幣地位，並要求財政部每月購買白銀鑄成銀元。國會於一八九〇年通過《謝爾曼白銀購買法案》，將政府每月購銀量增加五十%。在保守派的反對下，一八九三年廢除了該法案，但南部和西部農民重新提出自由鑄造銀幣的要求。一八九六年民主黨將自由鑄造銀幣列入政綱。一九〇〇年共和黨人占多數的國會通過《金本位制法》，至此這個行動才終止。

5. Ulysses Simpson Grant（一八二二～一八八五年），美國第十八任總統（一八六九～一八七六年），共和黨人。在兩屆總統任內，對內戰後的南部重建工作做出了貢獻，如取消《黑人法典》，進行土地和稅制改革，赦免叛亂的奴隸主等。

成員的上座（以往內閣成員的社會地位比他們高）。「如果他們去訪問白宮」，喬治．弗里斯比．霍爾（George Frisbie Hoar）回憶道，「他們是去出主意，而不是聽意見。」（事實上，眾議員安森．伯林格姆（Anson Burlingame）一次訪問英國下議院的經歷可以說明國會兩院的用權。當一位侍者告訴他，這裡的公共旁聽席是專門留給貴族的，他必須離座時，坐在近旁的一位貴族插話說，「讓他坐吧，讓他坐那裡吧，他是自己國家的貴族。」眾議員伯林格姆走出去時回答說，「我是本國的主人。如果我去與貴族平起平坐，有失我的地位」。）但在海斯總統[6]、加菲爾總統[7]、阿瑟總統[8]和克里夫蘭[9]總統成功抵制參議院擺佈總統任命的意圖後，國會權力的鼎盛期過去了，政府恢復由憲法核查和平衡的傳統美國體制。

而且，在經濟問題替代地方間衝突和憲法衝突之前，參議院威信的迅速下降已經預示其權力的下降。英國和加拿大的外交家認為，他們努力「在觥籌交錯中……」確保《一八五四年互惠條約》（the Reciprocity Treaty of 1854）的通過，「如果你不得不和豬玀打交道，那你還能做什麼？」一八六九年，一位內閣成員也許想起了這個隱喻，所以不耐煩地對亨利．亞當斯（Henry Adams）說：「你無法與眾議員妥善周旋！眾議員是豬玀！你只有用手杖打它的大鼻子！」亞當斯認為，大多數議員

「不只滑稽可笑，更是奇異荒唐」，所以他暗中奚落地回答說，「如果眾議員是豬玀，參議員是什麼？」

儘管參議院的權力和在公眾中的威信在十九世紀下半葉下降了，但參議院畢竟不是完全由自私、貪婪、粗鄙得像豬一樣或惹人討厭、鬼鬼祟祟得像狼一樣的人組成的。參議院中還是有一些值得尊敬、英勇無畏的人，其中艾德蒙．羅斯（Edmund G. Ross）以及在詹森彈劾案審議時站在他一邊的人，為了使國家免遭立法權濫用而無私地犧牲了個人利益。盧修斯．拉馬爾憑他做一個正直政治家的平和而堅定的決心，在團結全國準備迎接未來新挑戰方面發揮了重要的作用。

---

6. Rutherford Birchard Hayes（一八二二～一八九三年），美國第十九任總統（一八七六～一八八〇年），共和黨人。任內試圖改革文官制度。一八七九年否決國會關於限制中國移民的法案。
7. James Abram Garfield（一八三一～一八八一年），美國第二十任總統（一八八一年五月起任），共和黨人，任內協調黨內各派力量，力圖建立一個均衡的政府。一八八一年九月遇刺身亡。
8. Chester Alan Arthur（一八三〇～一八八六年），美國第二十一任總統（一八八一～一八八五年），共和黨人，廢奴主義者。任內否決了一八八二年排華法案，支持一八八三年「文官改革法」。
9. Stephen Grover Cleveland（一八三七～一九〇八年），美國第二十二任（一八八五～一八八九年）和第二十四任（一八九三～一八九七年）總統。民主黨人。任內促使國會廢除《謝爾曼銀幣購買法案》，維持國家的黃金儲備。

Chapter

# 06

# 艾德蒙·羅斯

EDMUND G. ROSS

1826-1907

“

我幾乎一低頭就看到我的敞開的墳墓。友誼、地位、財富以及能使有抱負的人感到生活稱心如意的一切將會因我說的話一掃而光，也許永遠失去。

I almost literally looked down into my open grave. Friendships, position, fortune, everything that makes life desirable to an ambitious man were about to be swept away by the breath of my mouth, perhaps forever.

”

我……低頭觀看我敞開的墳墓。

"I...looked down into my open grave."

在一座無人記得、默默無聞的孤墳中，葬著一位「挽救了一位總統」的人，從而為我們自己及後代保存遵守憲法的美國政府，這個人在一八六八年做出歷史學家稱為「美國歷史上最英勇的行為，也是最困難的行為，任何戰場上可歌可泣的事蹟都無可比擬」——他是一位美國參議員，來自堪薩斯州的艾德蒙．羅斯——卻沒有人記得。

在阻止彈劾安德魯．詹森總統這件事中，不見經傳的羅斯發揮了顯著作用。彈劾事件是詹森總統和國會中激進的共和黨領袖之間長期嚴酷對抗的驚人高潮而已。前者決心執行亞伯拉罕．林肯與失敗的南部重歸於好的政策，後者則謀求把被擊敗的南部各州當作已被征服、因而喪失憲法權利的地區加以治理——這是一場行政機構和立法機構間的鬥爭。安德魯．詹森是一個當仁不讓但不老練圓滑的田納西州人，曾是南方唯一拒絕與州一起退出聯邦的國會議員，一直致力於執行解放黑奴運動偉大領袖的政策，暗殺者的子彈使他接替了那位偉大解放者的位子。他知道林肯在去世之前已經與國會中極端分子發生摩擦，後者反對林肯根據憲法以寬容的態度採取重建南部的措施，並設法使立法機構凌駕於政府之上。艾德蒙・羅斯敢於爭鬥的性格不久使原來的希望成為泡影——國會兩院可能聯手執行林肯的政策，儘快無爭議地允許南部恢復在聯邦中的地位。

一八六六年，艾德蒙・羅斯剛進參議院時，政府中行政和立法兩個部門已經咆哮如雷、你死我活地吵得不可開交。安德魯・詹森總統否決一個又一個議案，因為這些議案不符合憲法精神，對待南部過於嚴苛，和平時期沒必要延長軍事管制時間或不恰當地干預行政部門的權力。在美國歷史上，重要的公共政策措施第一次不顧總統的否決而得以通過，在沒有總統支援的情況下成為法律。

但是並非安德魯・詹森的所有否決都遭推翻：國會裡「激進派」共和黨人很快地認識到，在摧毀他們鄙視的仇敵前，他們必須採取最後一個步驟（於是在激烈的政治鬥爭中，他們的復仇之箭射向了總統，而不是射向原先南部的軍事仇敵）。這最後一個步驟就是要確保參議院得到三分之二多數，因為根據憲法規定，三分之二多數是壓倒總統否決所必不可少的條件。更重要的是，達到憲法所要求的這種多數，他們才能實現勃勃的野心——現在這已是保守不住的祕密了——通過彈劾給總統定罪，將他解除公職！

參議院中激進的共和黨人好幾次得到推翻總統否決權所需要的三分之二多數，但都是暫時的、不穩定的，若要進行彈劾定罪，他們知道這多數是不牢靠的。鞏固要求彈劾總統者的團結，成為國會的重要目標，同時明裡暗裡操縱對其他問題的決策，特別是新州加入聯邦、南部一些州重新加入聯邦、確定參議員資格等問題的決定。透過耍弄一些極不誠實的手段，把一個親詹森的參議員趕下了台。內布拉斯加戰勝了詹森總統的否決，進入聯邦，使反政府的參議員人數多了兩個。儘管最後的招數未能使科羅拉多戰勝總統的否決（人口稀少的科羅拉多在全民投票中曾拒絕成為聯邦的一個州），一個出人意料的不幸為在堪薩斯的重新投票帶來了假悲憫和新希望。堪薩斯州參議員吉姆・萊恩（Jim Lane）是「保守」的共和黨人，同情詹森執行林肯重建南方政策的計畫。但是他所在的州是當時聯邦中最「激進」的州之一。當萊恩支持詹森否決《一八六六年民權法案》（Civil Rights Bill of 1866）以及提交討論詹森政府關於承認阿肯色新州政府的一個法案時，堪薩斯州群情激憤。在勞倫斯（Lawrence）舉行的群眾大會發言已經開始詆毀參議員萊恩，很快地在報上報導的大會決議也尖銳地譴責他的立場。由於受盡羞辱、精神痛苦、體力不支以及受到財務方面違規操作指責的折磨，一八六六年七月一日，吉姆·萊恩自殺了。

由於拔掉了身邊的這根刺，華盛頓的激進派共和黨人開始焦急地關注堪薩斯的動向和萊恩接班人的挑選。結果，他們最樂見的希望得以實現：堪薩斯州新的參議員是艾德蒙·羅斯，就是在勞倫斯提出抨擊萊恩的決議的那個人。

羅斯的同情心向著哪邊是毋庸置疑的，因為他在整個政治生涯中都堅定不移地反對南部蓄奴州的所作所為以及它們的盟友。一八五四年時，他僅二十八歲，就參加了一個拯救從密爾瓦基（Milwaukee）逃出來的黑奴的大型活動。一八五六年，他加入反對奴隸制的移民大潮，湧向「還在流血的」堪薩斯州，為的是使堪薩斯能維持自由州的局面。年輕時的他因為厭惡民主黨，所以脫離這個黨，志願加入「堪薩斯自由州軍」，驅逐一批擁護奴隸制、已侵入這個州的人。一八六二年，他放棄了報社的工作，到聯邦軍服役，在部隊裡逐漸晉升到少校。由於他在勞倫斯譴責萊恩時衝鋒陷陣，國會中激進派共和黨領袖相信，從羅斯身上，他們找到了構成重要的三分之二多數的一個可靠成員。

現在上演最後一幕戲：「廢黜詹森總統」的舞臺已經佈置就緒。一八六七年初，國會戰勝總統的否決，通過了《任職法案》[1]，該法案規定沒有參議院同意，總統不能解除任何文職官員職務，任命也要得到參議院的確認。內閣成員原本已得到特別豁免，此時無非要求更多優待。

一八六七年八月五日，詹森總統確認從林肯時代任職至今的戰爭部長愛德溫・斯坦頓（Edwin M. Stanton）是激進派共和黨人的祕密工具，並且正在謀求成為已被征服的南部的萬能獨裁者，所以就要求斯坦頓立即辭職。但斯坦頓傲慢地答覆他打算在下一次國會會議之前再辭職。詹森總統在這種厚顏無恥的行為面前毫不退縮，一週後他中止了斯坦頓的職務，任命斯坦頓不敢對抗的格蘭特將軍取而代之。一八六八年一月十三日，憤怒的參議院通知總統和格蘭特，不同意撤換斯坦頓，於是格蘭特等斯坦頓一回來就搬出了辦公室。但是參議院仍覺得目前局面不能容忍，因為這位戰爭部長不能參加內閣會議或與政府裡他的同事進行聯繫。二月二十一日，對於他認為這種明顯違背憲法的行為，他急於得到法庭的判決，詹森總統再次通知斯坦頓，他已被斷然解除了戰爭部長官職。

當斯坦頓拒絕交權，把自己關在辦公室裡不出來的時候，美國輿論極不利於總統。輿論說他蓄意違法，並且專橫地阻撓國會意志的實現。儘管先前的彈劾決議在眾議院的委員會和全體會議上都已被擊敗，可是很快又提出一項新的彈劾決議，在二月二十四日以多數票獲得通過。每個共和黨人都投票贊成彈劾，賓州跛腳的賽迪斯・史蒂芬斯（Thaddeus Stevens）是眾議院議長，激進派共和黨運動狂熱極端的化身，尖嘴薄舌，他曾冷冰冰地警告國會兩院：「我倒要看看哪個叛逆投票贊成放罪犯一馬。把膽敢這麼做的人指給我看，我讓你知道誰敢在之後遺臭萬年。」

由於總統遭到眾議院的彈劾（實質上是受到指控），參議院於三月五日在首席法官主持下，開始根據《彈劾條款》對總統是否犯罪進行瘋狂的審判。這次審訊可以列入歷史上重大審判的名單中，如英國高等法庭對查理一世[2]的審判，法國國

1. Tenure-of-Office Bill，美國南北戰爭後由激進派共和黨人在一八六七年三月二日提出的一項法案，規定總統未經參議院同意，無權撤換任何文職官員。這是他們剝奪總統對戰後南部重建的控制權的一種手段。該法案於一八八七年廢除。

2. Charles I（一六〇〇～一六四九年），英國和愛爾蘭國王（一六二五～一六四九年）。在位期間一直與國會對立。一六四九年一月二十日在西敏寺特設高等法庭以叛國罪受審。由於過去有國王不受任何司法機關審判的規定，查理一世不承認該法庭的合法性。但在一月二十七日，法庭宣判將他作為暴君、叛國者、殺人犯和人民公敵處決。

民對路易十六[3]的審判，英國上議院對沃倫·哈斯廷斯[4]的審判等。但這個彈劾案中有兩件重要的事被忽略了：審判總統的實際原因與國家利益沒有根本性關聯；被告本人始終缺席。但是最高法庭審判的情景人盡皆知。每個參議員都在首席法官主持下作出了「公正審判」的宣誓（甚至參議院臨時議長、也是總統一職的「第二順位繼承人」、來自俄亥俄州激進魯莽的參議員班傑明·韋德〔Benjamin Wade〕也宣了誓）。眾議院的首席公訴人是班傑明·巴特勒（Benjamin F. Butler）將軍，綽號「紐澳良屠夫」，是一個才能出眾，粗魯無禮卻能蠱惑人心的麻州眾議員。（當他於一八七四年丟掉席位時，他自己的黨派和他的對手都憎恨他，以至於有個共和黨人就民主黨中廣泛流傳的一句話發了一份電報說，「巴特勒失敗了，全盤皆輸了」。）審判總統期間，大約印了一千張參議院旁聽席入場券，每個參議員分到四張，人們為了從參議員手中弄到一張入場券，想盡了一切可用的辦法。

從三月五日到五月十六日，這場鬧劇仍在繼續。在眾議院通過的共計十一條彈劾總統的條文中，前八條依據解除斯坦頓官職及擅自任命一位新的戰爭部長違背《任職法案》，第九條涉及詹森總統與一位將軍的談話，據說這次談話導致了違反《軍隊撥款法》（Army Appropriations Act）行為的發生，第十條列舉了「對國會和美國法律……進行過於激烈的、煽動性的和可恥的指責」，第十一條蓄意把前面各條指控加以不明顯的組合，賽迪斯·史蒂芬斯旨在為贊成將總統定罪但又不願在基本問題上表明自己觀點的人提供一種通用的證據。為了對付班傑明·巴特勒出於支持這種倉促的指控而發表的挑唆性言論，詹森總統博學多才的顧問們作出了相當有力的反駁。他們堅持認為《任職法案》明顯違反憲法，沒有法律效力，即使有效，也因先前已提到的種種理由不適用於斯坦頓，依法審判的唯一途徑是免除斯坦頓的職務，但請求法庭給予斯坦頓辯護的權利。

但是隨著審判的進展，日益明顯的是，迫不及待的共和黨人不打算在作為彈劾依據的正式問題上給予總統公平的審判，相反試圖用任何真實原因或虛假理由把總統從白宮免職，只因他拒絕接受他們的政策。他們故意不讓別人陳述有利於總統的證

3. Louis XVI（一七五四～一七九三年），法國大革命前封建王朝的最後一代君主（一七七四～一七九二年）。一七九二年十二月三日立法會議決定對他以叛國罪進行審判。他在國民公會兩度出庭。一七九三年一月十八日國民公會判處他死刑，二十一日在巴黎革命廣場上了斷頭臺。

4. Warren Hastings（一七三二～一八一八年），出身於沒落的英國貴族家庭。一七八八～一七九五年出任英國駐印度總督，曾巧立名目增加稅收，向軍隊供應劣質裝備，為個人斂財。十八世紀末英國上議院彈劾審判他，但以無罪審結。

據。許多參議員恬不知恥地說出他們的預測。針對性賄賂和其他形式的壓力比比皆是。他們主要關心的不是審判或證據，而是計算將總統定罪必須獲得的票數。

聯邦中有二十七個州（不包括尚未得到承認的南部一些州），意味著參議院有五十四名成員，將總統定罪必須獲得三分之二的多數票，即三十六票。民主黨的十二票，共和黨顯然拉不到；四十二名共和黨參議員知道，如果要把詹森總統趕下臺，他們自己成員只能損失六票。令他們沮喪的是，在共和黨預備會議上，六個共和黨人勇敢地表示到目前為止他們認為得到的證據不足以按彈劾條款對詹森定罪。《費城報》（*Press*）嚷道：「真可恥！」共和黨「在盟友的房子裡遭背叛」！

然而如果剩下的三十六名共和黨人立場能堅持不變，總統下臺的結局是毫無疑問的，三十六個人必須團結一致！但是有一個共和黨參議員不願在預備性投票中公佈他的裁定，這個人就是堪薩斯州的艾德蒙．羅斯。激進派共和黨人十分憤怒，來自像堪薩斯州這樣一個反對詹森的堡壘的參議員居然拿不定主意。麻州參議員薩姆納（Summer）氣呼呼地說：「這件事該怎麼做是十分清楚的，特別是對於堪薩斯州人來說，顯而易見。我認為堪薩斯州人不會模稜兩可地對待他們的國家。」

自從羅斯坐上國會參議員交椅之日起，激進派共和黨領袖就對他的投票有信心。

如前所及，他的全部經歷說明他堅定支援共和黨的事業。他在參議院所做的第一件事是朗讀他遵循激進派共和黨政策的宣言，他默默地投票贊成他們的全部措施。他表明他個人或在政治方面並不同情安德魯·詹森，在斯坦頓免職之後，他與多數參議員一起投票通過了一項決議，宣稱此次免職不合法。他的堪薩斯同事、參議員波默羅伊（Pomeroy）是反詹森集團最激進的領袖之一。共和黨人堅持認為羅斯的關鍵性一票當然屬於他們，他們決心採用一切手段得到這一票。正如德維特（De Witt）在他令人難忘的《彈劾安德魯·詹森》（*Impeachment of Andrew Johnson*）一書中所說：「這場鬥爭的全部壓力最後落在仍然讓人不放心的參議員艾德蒙·羅斯身上。」

當眾議院通過彈劾決議後，參議員羅斯漫不經心地對羅德島州參議員斯普拉格（Sprague）說：「嗨，斯普拉格，問題在於我認為，雖然作為一個共和黨人，我是反對詹森及其政策的，可是他應該像世界上任何一個遭指控的人一樣得到公正的審判。」旋即「羅斯動搖了」這個消息不脛而走。「從這一刻起，」羅斯後來寫道，「每一天我收到的信件和電報，以及來往的人總會呼籲我堅定不渝地擁護彈劾，不少人告誡我不要表現出一點點對彈劾的冷漠。」——

在全國各行各業，正如參議員們收到的信函反映出來的，公眾的心理就像一場大戰之前那樣。在全國具有支配力量的黨似乎佔據了公訴人的地位，當時的氛圍已幾乎不可能允許推遲審判或聽取辯護。審判期間，華盛頓成了政治不滿者的集中地；城裡到處可見來自聯邦各州的代表，他們異口同聲地要求廢黜總統。反對彈劾的共和黨人從早到晚被跟蹤，人們請求他們重新考慮，甚至作出威脅。每天的報紙充斥著他們回到選區所受到的暴力恐嚇。

羅斯及其他被懷疑動搖的共和黨同事天天受到騷擾、暗中跟蹤和各種壓力。他們的住所受到嚴密監視，他們的交際圈因不被信任而受到仔細調查。他們的每次活動和交往都被祕密記錄在專門的本子上。黨報向他們提出告誡，選民對他們大聲斥責，還有人寄給他們嚴重警告信，揚言要在政治上排斥他們，甚至暗殺他們。斯坦頓本人在戰爭部封閉的總部日夜工作，並用他與軍方令人注目的關係作籌碼，對拿不定主意的參議員施加影響。《費城報》報導說，「大批嚇人的電報如同雪崩一般從全國各地飛來，」「老百姓」的輿論甚囂塵上，他們為國家獻出金錢和生命，絕不會「自願地或有仇不報地看到自己的巨大奉獻落得一場空」。紐約《論壇報》報導說，羅斯尤其遭到「無情的爭奪，日夜被兩派人像狐狸一樣窮追猛打，又被同事纏擾不休，好像阿柯拉[5]大橋時而被一支軍隊踐踏，時而被另一支軍隊踐踏一樣」。他的背景和生活受到徹底的調查。選民和同事勸他設法在華盛頓使別人對他的觀點有所瞭解。他是人們關注的焦點，他的名字婦孺皆知，各種報紙都在議論他的意向。儘管有證據表明他向兩派都做過支持的暗示，每一派也都試圖公開獲得他的支持，但是實際上他對審判三緘其口使兩派完全處於提心吊膽的狀態。

鑒於羅斯沒有經歷過政治動亂，在參議院沒有名氣，沒有獨立的收入，而且要與聯邦中最激進的州打交道，有人認為他最易挨批，並肯定會受到行家策略影響而動搖。眾議院和參議院的一個委員會向堪薩斯等存有搖擺的共和黨人的州發一封電報：「如果彈劾失敗，本國的和平與共和黨事業將受到極大的危害。通過決議、

5. Arcola，位於義大利北部，一七九六年十一月法國軍隊和奧地利軍隊在此交戰。

信件和代表團把公眾輿論告訴你們的參議員。」堪薩斯州議會一名議員到國會大廈拜訪羅斯。有位將軍聽從斯坦頓的主張，在羅斯住處一直等到凌晨四點，決心要見他。羅斯的兄弟收到過一封信，信上表示他如果能透露參議員羅斯的意向，可以獲得兩萬美元報酬。格魯夫・班・巴特勒（Gruff Ben Butler）提到羅斯就驚叫說：「這是一大把錢吶！那個該死的惡棍想要多少啊？」在參議院準備舉行第一次對審判詹森有罪或無罪進行票決的前夕，羅斯收到家鄉發來的一封電報：

堪薩斯州已聽到了證詞，要求對總統定罪。

D・R・安東尼等一千零一人（簽名）

在五月十六日這個具有決定性意義的上午，羅斯回覆道：

致D・R・安東尼等一千零一人：我不承認你們有權要求我投票贊成或反對定總統的罪。我宣誓過要按憲法和法律公正執法，相信我有勇氣按自己的判斷和我國的最高利益進行投票。

E·G·羅斯（簽名）

那天上午，密探跟蹤羅斯到吃早餐的地方。在投票開始之前十分鐘，羅斯的堪薩斯州同事當著賽迪斯·史蒂芬斯的面警告他，如果他投票贊成宣判總統無罪，那麼就會招來莫須有的譴責，葬送掉自己的政治前途。

但是重大的時刻終於到來了，不可能逃避、拖延或猶豫不決。正如羅斯本人後來描述的那樣：「旁聽席裡坐滿了人。入場券成為搶手貨。眾議院休會，所有眾議員擁到參議院大廳來。會議廳椅子上坐著參議員、內閣成員、總統顧問委員會委員和眾議員，座無虛席。」每個參議員坐在自己位子上，病入膏肓的愛荷華州參議員格蘭姆斯（Grimes）壓根兒靠別人背進來的。

參議院決定根據內容廣泛的第十一條彈劾條款舉行第一次票決，以為會得到極廣泛的支持。當首席法官宣佈投票即將開始，他提醒「旁聽席上的公民和陌生人必須保持絕對安靜，嚴格遵守秩序」。但是死一般沉寂已經籠罩著參議院大廳。後來一位眾議員回憶說：「我身邊的一些眾議員在焦慮懸念的壓力下臉色蒼白，並且感到噁心。」羅斯注意到「有人的腳發出不安的晃動聲，絲綢衣服擺動發出窸窣聲，電風扇旋轉的震顫聲，還有聽眾的講話聲都越來越輕了」。

緊張的票決開始了。等首席法官快念到羅斯的名字時，已經有二十四個人說過「有罪」了。還有十個人肯定會說「有罪」，另外一個人的回答實際上也可確定。只要得到羅斯一票，就湊足給總統定罪的三十六票了。但是大廳裡沒有一個人知道這位堪薩斯州青年會怎樣投票。首席法官向他提出了一個問題，嗓音中掩蓋不住焦慮和激動：「參議員羅斯先生，你怎麼說？根據這一彈劾條款的指控，被告安德魯·詹森行為違法，你認為有罪還是無罪？」全場鴉雀無聲，每一雙眼睛都看著堪薩斯州年輕的參議員。過去幾十年的希望、擔憂、仇恨和憤懣都集中到這一個人的身上了。

正如後來羅斯自己描述的，此刻他的「聽力和視力似乎都變得反常了」——

> 在濟濟一堂的聽眾中，每個人的臉都看得清清楚楚，有些人張大嘴巴，彎著腰焦急地等待，其他人把一隻手舉上來，似乎要擋住他已意識到即將到來的打擊……每個人都懷著幾乎有點悲哀的緊張心情，仔細張望著將要投下決定性一票的那個人的臉……所有電風扇都關掉了，沒有人走動，沒有衣服的窸窣聲，也聽不到一點喃喃

私語……每個人的臉上交織著希望和擔憂的神情，瞬間變幻；有的人懷著雪恥的仇恨……有的人心裡亮起希望的光芒……議席上的參議員身體傾向桌子，許多人用手搭在耳邊，都想聽得分明些……投票是一項重大的責任。毫不奇怪，各種條件的必然結合使這個重任落到他的身上，他本應退避三舍，設法不參與投票，就像一個人要儘量避免做噩夢那樣……我幾乎一低頭就看到我那敞開的墳墓。友誼、地位、財富以及能使有抱負的人感到生活稱心如意的一切將會因我說的話一掃而光，也許永遠失去。毫不奇怪，我回答時嗓音抖抖嗦嗦，越遠越輕，傳不到最後一排的聽眾那裡，坐在大廳與我相對一邊的參議員要求我重說一遍。

於是他再回答一次，說得很清楚，不可能讓人誤解——嗓音飽滿，肯定果斷，不會讓人聽錯：「無罪。」他做的這件事使總統逃過了一劫。審判幾近結束，判總統有罪的企圖落空了。點名剩餘的人，聽他們表態，已不重要。羅斯的一票之差使得彈劾定罪失敗，舉座譁然，接著首席法官宣佈：「關於第十一條彈劾條款，三十五位參議員投票贊成判決有罪，十九位參議員投票贊成判決無罪，由於贊成定罪的人數不足三分之二多數，所以總統在這個條款上無罪。」

然後參議院休會十天，這十天是改變對剩餘彈劾條款的票數的動盪日子。有人企圖迅速通過重新接納南部六個州的提案，因為這些州總共十二名參議員保證投票贊成有罪判決。但這件事來不及完成。羅斯又一次成為在其他彈劾條款上唯一不受約束的人，唯一其投票意向無法事先預測的人。因此他又一次受到壓力。他收到來自「D・R・安東尼等人」的一封電報，告訴他「堪薩斯州要與你一刀兩斷，就像該州對待所有做偽證者和卑鄙小人那樣」。羅斯生活中的每件事都遭到審查和歪曲。參議員波默羅伊找了一些專業見證人到眾議院一個專門委員會作證，證明羅斯曾經出於某種考慮願意改變投票意向。（不幸的是，這種見證人太樂於扮演令人激動的角色，以致也信誓旦旦地說過參議員波默羅伊拿出四萬美元，獲得了贊成無罪判決的三票。）當羅斯擔任某個委員會主席時，曾向總統提交過幾份議案，詹姆士・布萊恩（James G. Blaine）說：「這個無賴去領賞了。」（很久以後，布萊恩才承認，「因為一時的生氣和失望，所以進行了過分的斥責，這對清白無瑕的政治家極不公平」。）

於是謠言又四起，說羅斯在其餘彈劾條款上也已經倒戈。當參議院重新開會時，他是七個「變節的」共和黨人中，唯一在預備性程序問題上站在多數一邊投票的人。但是在宣讀第二和第三條彈劾條款時，點到羅斯的名字時，與十天前同樣緊張的擔憂伴隨而生，但鎮定的回答「無罪」再次響起。

為什麼一直不喜歡詹森的羅斯會投票支持「無罪判決」呢？他的動機從數年後他為《斯克里本納》（*Sribner's*）和《論壇》（*Forum*）雜誌寫的文章中可以看得一清二楚：

> 從廣義上講，作為政府協調部門的行政辦公崗位的獨立性正在接受審判……如果……總統必須下臺……成為威信掃地的人和政治上被拋棄者……僅憑不充分的證據和黨派性的考慮，那麼總統的職務將降級，不再作為政府的協調崗位，從此只好屈從於立法機構的意志。這樣實際上等於改革我國傑出的政治機構，成為黨派性十足的國會專制……我國政府從未面臨過這種潛在的危險……被美國政治中最惡劣分子控制……如果無黨派偏見的投票能使安德魯·詹森無罪……美國可能跨過黨派統治的危險點，避免出現令人難以忍受的局面，那種局面常常使大多數人動搖不定，陷入困境。

艾德蒙・羅斯預見到自己「敞開的墳墓」，絕不是誇張之詞。堪薩斯州最高法庭法官發電報給他說：「叛徒猶大用來上吊自殺的繩子不見了，但是吉姆・萊恩的手槍隨時聽用。」堪薩斯州有份報紙的社論叫嚷道：

上星期六，美國堪薩斯州參議員艾德蒙・羅斯出賣了自己，背叛了選民，使自己的履歷變得荒唐可笑；他對朋友卑鄙地撒謊，無恥地違背自己莊嚴的承諾……並且將自己的無能發揮到了極致，同意扼殺本國的自由。這種行為是蓄意的，因為變節者，像班尼迪克・阿諾德一樣，都是愛錢勝過愛原則、愛朋友、愛榮譽、愛國家，勝過愛其他一切。可憐巴巴、萎靡不振的惡棍眼光如此淺近，竟然把一點不義之財看得比其他一切使人束修至行、雍容大雅的事情都重要。

羅斯的政治生涯結束了。在紐約《論壇報》看來，他不過是一個「不走運的懦夫和叛徒」。《費城報》說，羅斯「心胸狹隘」，「理所當然地會有這樣的後果」。羅斯和他的桀驁不馴的共和黨夥伴從「聲譽的頂峰一落千丈地跌至臭名昭著和萬劫不復的深淵」。費城《詢問報》說，「這些人審判和裁決了自己」，對他們「絕不能諒解，絕不能寬恕」。

華盛頓又恢復了相對和平的景象，因為斯坦頓終於放棄了官職，詹森的任期也結束了——和他的共和黨衛士不一樣的是，他以田納西州參議員的身分凱旋般地回到參議院。但是羅斯徒勞無功地解釋他的投票理由，譴責巴特勒調查委員會的不實之詞，回憶巴特勒將軍「著名的低聲下氣的本能和口吐污言穢語的傾向」導致「公眾用『畜牲』稱呼來侮辱他」等，都沒有引起別人的重視。在任期終止之前，羅斯不愉快地在參議院堅守崗位，經常被人稱作「叛徒羅斯」，他抱怨說，國會裡的議員同事及街上的行人都認為他「聲名狼藉」，見了他唯恐躲之不及，好像他是「痲瘋病患者，無臉見人；是仇恨和厭惡的代表」。

無論是羅斯，還是其他投票贊成判決詹森無罪的共和黨人，都沒有被重新選入參議院，他們之中也沒有一個人再得到共和黨組織的支援。一八七一年，當羅斯回到堪薩斯州時，他和家人都受到社會排斥、人身襲擊，並且生活窘迫。

艾德蒙·羅斯是誰？實際上名不見經傳。沒有一項政府法律用過他的名字來命名，沒有一本歷史書刊登過他的照片，沒有一份參議院「偉人」名單提及他。他的英勇事蹟幾乎都被遺忘了。但是艾德蒙·羅斯原本是怎樣的人呢？這確實是個問題——就羅斯而言，一個能言善辯、有良好政治背景，在參議院有遠大前程的人，照理應當在漫長的參議員生涯中，威望和權力慢慢都超過其他同事。但羅斯恰恰為了一次憑良心行事，選擇拋棄了所有這一切。

然而人類事件的曲折進程最後證實了他在彈劾審判後不久向妻子講過的信念：「今天數百萬罵我的人，明天會讚揚我使國家免遭最大的一次災禍，雖然除了上帝，誰也不理解我付出了很大代價。」二十年後國會廢除了《任職法案》，其實詹森之後的每一任總統，不管居於哪個黨派，都是反對這個法案的，再後來，最高法院在談到「我國政府那段時間經歷的極端情況」時，也認為《任職法案》是不符合憲法的。羅斯遷居到新墨西哥州，晚年出任州長。就在他去世前，國會因他在內戰時的服務獎給他一筆特別養老金，報紙和國民也借此機會稱頌他在最難熬的時刻忠於原則，而且勇於使政府從毀滅性的恐怖統治時期中擺脫出來。現在他們同意羅斯早先的判斷，即他的一票「曾把國家從……可能毀掉任何政府的重負下解救出來」。在以前歲月裡激烈譴責他的那些堪薩斯州報紙和政治領袖，讚揚羅斯抵制立法機構的暴徒統治：「由於參議員羅斯的堅定和勇敢，」報紙刊文說，「我國免於遭到一場比戰爭更深重的災難，但這件事使他蒙受我國歷史上最殘酷的政治犧牲……羅斯是不容異見這種席捲全國的熊熊烈火的受害者。他明知當仁不讓將毀掉自己的政治前程，他還是循名責實……羅斯做這一切是需要勇氣的，可是他做到了。他憑良心、憑崇高的愛國主義辦事，儘管已知這會對自己產生嚴重後果。他做得對。」

在結束艾德蒙・羅斯的故事之前，我必須比較充分地談一下其他六位勇敢的共和黨人，他們和羅斯站在一起，無畏地頂住了別人對羅斯判定安德魯・詹森無罪的譴責。艾德蒙・羅斯比這六位同事在投票前後忍受更多的委屈，衝破更大的阻力，才做出問心無愧的決定。五月十六日前他不予表態的沉默，引起人們極大的關注和懸念。關於他的報導，如同他的投票一樣，成為不幸的彈劾事件的關鍵。但是我們應該對所有這七位投票反對判決詹森有罪的共和黨人的英勇無畏永誌不忘。他們當中沒有一個再度連任進入參議院。他們當中沒有一個逃得掉同事為了脅迫他投贊成票而可憎地使出的威脅、賄賂和強制等軟硬兼施的手段。他們當中也沒有一個逃得掉因為他們投票贊成判決總統無罪而招來的惡毒抨擊的可怕折磨。

緬因州的威廉・彼特・費森登（William Pitt Fessenden），是當時最著名的參議員、演說家和律師之一，也是參議院一位傑出的共和黨領袖。他欽佩斯坦頓，討厭詹森，在彈劾事件中很早就認為「整個事件簡直愚蠢透頂」：

國人對總統如此不看好，這是他自作自受，大家都估計到他會受到譴責。但是我不會違背自己的判斷來處理這個問題，不管那樣做對我個人會有什麼後果，不管作為政治家，我應該怎麼考慮，我寧可在有生之年回家種捲心菜去，（也不會做違心之事）……如有必要，下定決心去聽別人指責我是叛徒，看看我在醜化的芻像中吊死的樣子。致力於彈劾案的人和報紙把所有能想到的辱罵連篇累牘地壓到我的身上。我收到幾封朋友來信，他們提醒我，若不投票贊成判決總統有罪，我的政治墳墓就挖好了。我還收到幾封信，揚言暗殺我。在長期任職之後，發現我竟成了自己忠心服務的那些人打擊的目標，這是我一生中很痛苦的時刻。當盛怒和偏見使公眾激動不已時，公眾與野獸就差不了多少。凡事我都要保持自尊和良心清白，至少時間會對我的動機做出公正的評價。

激進派共和黨人決心把受人尊敬的費森登爭取過來。到底他會如何投票？在點名冊上他的名字下面第一個被打上了問號。緬因州寄給他的郵件中，有謾罵的，威脅的，也有懇求的。溫德爾・菲力普（Wendel Phillips）輕蔑地對一批不滿地發出噓聲的群眾說：「要把一種具有政治家智慧的思想灌輸進費森登的腦子裡，要花費六個月時間。我不是說他缺乏接受能力，他只是接受得非常慢。」

費森登決心避看所有的報紙，篩選所有的來函。但是當他在緬因州政界最老的朋友來信敦促他「把詹森懸空吊起來，就像玉米田裡一隻死烏鴉，把他的所有同夥鎮住」，並說費森登「肯定知道我表達了本州每一個忠實公民的一致感情」時，費森登氣憤地回答：

我在按法官的身分辦事……不承擔任何責任，甚至不來這裡聽取證詞的人有什麼權利對我說該做出什麼判斷，甚至什麼判決？我希望所有朋友明白，是我而不是他坐在這裡審判總統，是我而不是他發過誓，要做出公正的審判，是我而不是他要為我的行動及其後果向上帝和人民負責。

在五月十六日這個可歎的下午，正如羅斯所說，參議員費森登「坐在席位上，臉色蒼白，神情憔悴，準備做出他決定面對且不久促使他斷送掉前程的政治犧牲」。

第一個說出「無罪」的共和黨參議員，也是七個人中第一個走向政治墳墓、遭受無情謾罵的困擾且爭取連任的希望越來越渺茫的參議員——就是緬因州的威廉·彼特·費森登。參議院裡最年輕的成員之一，密蘇里州的約翰·亨德森（John B. Henderson）以前提出廢除奴隸制的《第十三修正案》時已表現出極大的勇氣，就因為他相信該修正案只要有蓄奴州一位參議員的支持就能通過，而此人的政治前程必然劫數難逃。但是密蘇里州全體共和黨代表在亨德森辦公室硬要與他面談，要求他務必對可恨的詹森定罪，並且警告說，密蘇里州共和黨人沒有別的路可走。這時候亨德森原有的勇氣不足了。他怯懦地發電報給州長提出辭職，以便讓新任參議員去投贊成定罪的一票。當有人疑慮新的參議員是否允許參加投票時，他同意搞清楚自己的一票是否很關鍵。

然而來自密蘇里州的一封威脅侮辱性的電報恢復了他的正義感。他很快回電說：「告訴我的朋友，我已發誓要按法律和良心做出公正的審判，我將正直秉公地努力去做。」約翰·亨德森果然投票贊成判總統無罪，這是他在參議院最後一次重要的舉動。由於在密蘇里州受到譴責、威脅，他的芻像被人焚燒，他對謀求在參議院連任之事都懶得操心了。數年後，共和黨意識到有愧於他，讓他恢復次要的官職，但是他曾努力維護正直的參議院，他已不想再有任何聯繫。

西維吉尼亞州的彼得．范．溫克爾（Peter Van Winkle）在五月十六日的參議院是最後一個被點名態度不明的共和黨人，像羅斯一樣，也是個「小人物」。但是他堅定地做出的「無罪」回答，打碎了激進派還抱有的一絲希望——其實艾德蒙．羅斯差不多已經把它摧毀。共和黨曾寄希望於范．溫克爾，他是西維吉尼亞州第一個合眾國參議員，是一個批評解除斯坦頓職務一事的人。後來惠林市的《消息報》（*Intelligencer*）由於他當仁不讓，頂風擊浪，而稱他是「西維吉尼亞州的叛徒」，並向天下人宣稱，他的投票錯誤代表了每一位西維吉尼亞州忠實的公民的意願。他也在參議院任期結束，就永遠退出了政界。

伊利諾州資深的萊曼．特倫布爾（Lyman Trumbull）擊敗林肯進入了參議院，起草過許多後來被詹森否決的關於南部重建的重要議案，也投票譴責過詹森解除斯坦頓職務。

但是在《費城報》看來，他的「治國才能已墮落成自私愚蠢的行動」，因為他頂住巨大的壓力，投票反對定總統的罪。在芝加哥召開的共和黨全國代表大會通過了一項決議，指出「如果由聯邦共和黨人選出的參議員在此時此刻退縮和變節，而讓我們的自由政府忍受折磨，那麼他一定會聲名狼藉，威信掃地，遭萬人唾罵的」。伊利諾州共和黨有個領袖警告名滿天下的特倫布爾「不要在芝加哥街道上露面，因為我擔心憤怒的群眾代表會把他吊到附近的燈柱上去」。

但是特倫布爾在結束為公眾服務的輝煌生涯，不再為要與他決裂的共和黨做出奉獻時，他正式記載了以下這些會永遠流傳的話：

有待決定的問題不是安德魯．詹森是否合適當總統，也不是他是否合適繼續留在這個職位上……眾議院在激動情緒冷靜下來後承認彈劾總統的理由不充分，而彈劾一旦成功，開了先例，將來如果總統恰巧在兩院認為重要的措施上與眾議院多數和參議院三分之二多數發生意見分歧時，沒有一個總統能夠安然無恙……憲法的控制和平衡作用是經過字斟句酌的，對於憲法彪炳千秋至關重要。如果這次彈劾成功，憲法會變成什麼樣呢？憲法將起不了作用了……我不能成為產生這種結果的工具，在一切平靜，時間為我的動機說句公道話之前，我別無選擇，只有不顧危及友誼和親情，堅決辭職。

田納西州的喬瑟夫・史密斯・福勒（Joseph Smith Fowler），像羅斯、亨德森和范・溫克爾一樣，都是新任參議員，他起初也認為可以彈劾總統。但這位前納許維爾教授對於眾議院群情激憤地匆匆通過彈劾總統的決議大為吃驚，決議中認為約翰遜的證據「完全建立在虛假的基礎上」，而且是「腐敗和無恥的」巴特勒「這個謀求把美國參議院變成政治斷頭臺的惡棍」提供的。福勒拒絕被政客牽著鼻子走，「那些政客在國家面臨分裂的時候跳到風口浪尖上……竭力要使以前革命的未燼餘火繼續燃燒」。福勒的共和黨激進派同事對他進行威脅、調查和誹謗，忐忑不安的福勒在五月十六日作出答覆時結結巴巴，因此起初人們對他說的「有罪」一詞產生了誤解。參議院呈現興高采烈地慶賀勝利的氣氛——詹森可以定罪了，羅斯的一票不需要了！但是後來他們得到福勒清晰明確的回答——（總統）「無罪」。

福勒已不可能重新當選。兩年後任期結束時，他默默地從參議院退出，但是他為自己的一票撂下一句話：「是我聽從上帝的意志，為了祖國和子孫後代投的票。」

愛荷華州的詹姆士・格蘭姆斯（James W. Grimes）是詹森的勁敵，在參議院裡很有影響力。他相信，這場審判的目的僅僅在於通過「地球上最不負責任和一無是處的一批人說謊」來激起公眾的憤怒。（也許這句報導說明了近八十七年來華盛頓的記者素質已經提高。）

不幸的是，審判總統期間，他受到鋪天蓋地的謾罵和威脅，導致他在投票前兩天身體癱瘓，臥床不起。共和黨激進派不肯推遲票決，泰然地斷定格蘭姆斯要嘛真的病得很重，無法參加五月十六日投票，要嘛佯稱疾病使他不能出席將會斷送他的政治前程。在旁聽席上，群眾唱道：「老格蘭姆斯死了，這個壞老頭，我們不想再見到他了。」賀瑞斯．格里利在紐約《論壇報》上寫道：「看來每一代總會產生一個可以載入史冊成為鑒戒的人。我們有過班尼迪克．阿諾德、艾倫．伯爾和傑佛遜．戴維斯，現在我們又有了詹姆士．格蘭姆斯。」

然而格蘭姆斯是一個精神上和身體上都頑強不屈的偉大勇士，就在五月十六日開始票決之前，四名男子把這位愛荷華州蒼白憔悴的參議員抬到他的座位上。後來他寫道，費森登當時拉住他的手，對他「讚揚地一笑……今天生活中即使給我最高的獎賞，我也不願與這段回憶交換」。首席法官建議投票時允許他坐在位子上；但在他朋友的幫助下，參議員格蘭姆斯費力地站起來，用令人驚訝的堅定聲音喊出「無罪」。

有人焚燒他的芻像，報紙譴責他「愚蠢透頂和軟弱無能」，他所屬的州和朋友與他斷絕往來，這一切使格蘭姆斯沒能康復，在去世以前，他向朋友表白：

> 我要感謝上帝，在這煩惱的審判時刻，許多人私下裡老實承認，在黨報和黨內仇恨情緒的壓力下，他們背叛了自己的判斷和良心，而我有勇氣信守誓言，保持良知……也許我不遵照黨的吩咐做偽證是不對的，但是我不那樣認為……我是一個按照自己的職責辦事的法官，我只對自己的良知和上帝負責，不管那個黨是由我朋友組成的，還是由敵人組成的，任何力量都不能迫使我違背信念來判案。

Chapter 07

# 盧修斯．奎塔斯．辛辛納塔斯．拉馬爾

LUCIUS QUINTUS CINCINNATUS LAMAR

1825-1893

"

如果公務員僅僅對選民唯命是從，而不是充當真正意義上的代表去謀求全國的持久繁榮和未來利益，美國的自由及重大利益絕不可能得到保障。

The liberty of this country and its great interests will never be secure if its public men become mere menials to do the biddings of their constituents instead of being representatives in the true sense of the word, looking to the lasting prosperity and future interests of the whole country.

"

今天我必須要嘛說真話，要嘛說假話……

"Today I must be true or false..."

誰都沒有見過強硬的政治家——眾議院議長詹姆士．布萊恩（James G. Blaine）哭。他坐在那裡，無法在眾議員和聽眾的注視下掩飾自己的感情，淚水從臉頰上不斷流下來，他沒有覺得不好意思。但是在一八七四年這個重大的日子，在議員席或旁聽席上幾乎沒有人留意到布萊恩先生，大多數人也都不想隱藏自己的眼淚。民主黨人和共和黨人一樣，凡是在內戰和政治暴亂中飽受過創傷的人，在聆聽密西西比州新來的眾議員緊急呼籲時，無不心情陰鬱，默然無語地坐在那裡。這位眾議員講話簡潔明白，沒有像別人通常那樣巧言令色；只要他那圓潤低沉的嗓音呼籲南部和北部之間維持和睦與公平，就能打動每個聽眾的心。

真的，大家都被他的談話所感動，也為談話的影響力而吃驚——因為來自密西西比州的盧修斯．拉馬爾以南部的勁敵、麻州的共和黨激進派查爾斯．薩姆納

（Charles Sumner）的名義在呼籲，薩姆納曾使重建時期成為南方永遠不會忘記的一場噩夢。他攻擊韋伯斯特是叛徒，說他千方百計拖住南部留在聯邦內，薩姆納還幫腔嚴批羅斯投票反對國會的暴徒統治，這種統治本會迫使南方和總統得服從它的控制。數年前，南卡羅來納州的國會議員布魯克斯（Brooks）在參議院狠狠抨擊薩姆納，加速了他的死亡，而布魯克斯因此成為南部英雄。薩姆納終於死了。在內戰前，人們已知道拉馬爾出生於保守的南部腹地，是個脾氣極為暴躁的人，想不到如今竟會站在眾議院席位上，發表令人感動的頌揚薩姆納去世的悼詞！

在查爾斯·薩姆納臨終前，拉馬爾就對台下鴉雀無聲的聽眾說：

我相信，引起北部和南部之間衝突和猜疑的種種原因都不存在了……這難道不是北部和南部廣大人民群眾的共同感受嗎？如果說不是，為什麼不是呢？……面對這位熱情呼籲者懇求大家顯示人類仁慈和關愛的高尚遺願，我們為什麼還不能拋棄掉只會加深誤解和不信任的遮遮掩掩的做法，坦誠地承認我們南北雙方都在感情上，在心靈深處渴望成為一家人……？我們今天悼念的賢者的英靈將還會從墳中向兩黨用撥動全國每個人心弦的語調提及這種糟透的不和：「我的同胞們，相互瞭解吧！

你們會彼此關愛的！」

全場一片不祥的沉默，既有深思亦帶有震驚的沉默。接著四面八方自發地爆發出一陣掌聲——「天哪，多麼了不起的演講！」紐約州眾議員萊曼・特雷曼（Lyman Tremaine）對賓州的「鐵漢子」凱利（Kelly）說，「他的話將響徹全國。」

美國政治史上幾乎沒有一次演講像拉馬爾那樣立即產生影響。一夜之間這次演講使拉馬爾在國會和全國的地位提升到首位。更重要的是，它標誌著南北關係的轉捩點。在追悼薩姆納的演講發表以後兩個星期，密蘇里州的卡爾・舒爾茲（Carl Schurz）在波士頓一萬名公民前站起來，歡呼拉馬爾是南北關係新的一天將會到來的預言者。波士頓《環球報》（*Globe*）稱拉馬爾悼念薩姆納的演講是「南部恢復在聯邦中地位的證明」，波士頓《廣告者報》（*Advertiser*）說它是「內戰以來從南部聽到的最重要、最充滿希望的演講」。

無論北部還是南部總會有人誤解這次演講。那些政治權力依賴於維持聯邦對前邦聯各州霸權的北部人，必然抵制任何阻止地方衝突的努力。詹姆士・布萊恩在擦乾眼淚之後，撰文評論關於薩姆納的悼詞，說它「反映出這位南部眾議員的傑出才能，既充滿激情且別具一格地頌揚了薩姆納先生，又巧妙地把讚語和辯詞交織在一起，為薩姆納先生如約翰·衛斯理（John Wesley）一樣集罪惡之大成的行為進行了辯解」。

南部人則覺得遭到了背叛，在他們看來，查爾斯·薩姆納是內戰前廢奴主義運動和戰後南部重建運動最壞的象徵。密西西比州好幾份主要報刊，包括哥倫布《民主黨人報》（*Democrat*）、坎頓《郵報》（*Mail*）、梅里迪安《水星報》（*Mercury*）都狠狠批評拉馬爾，他的許多老朋友也這樣，他們認為拉馬爾已經拋棄了南部的原則和聲譽。拉馬爾在致其妻的信中寫道：

> 這裡沒有人認為我貶低了南部的地位，但南部的報紙卻敵視我……我國人民常常受到他們視為知己心腹的人的背叛，吃盡苦頭，所以他們對南部人向北部人表示友好自然產生懷疑。我只知道我幫過南部人的忙……在以前充滿敵意的地方喚起同情。如果南部人譴責我，我不會對他們的敵意無動於衷，但是我也不會感到怨恨。想到我已為南部做了一件好事，我只會高興。對於一個公職人員來說，現在需要努力為南部服務，而不是對南部人的惱怒推濤作浪……我只為南部利益服務，如果南

部人不認可我的做法，我就鎮靜地默默地解甲歸田。

然而對拉馬爾的攻擊是少數人所為。南部和北部普遍承認，本有可能引起災難的這次演講結果帶來了重大的勝利。顯然在歷史的奇妙力量和個人命運的推動下，這個人正好那一天在華盛頓碰到了這樣的演講機會。

這個人是誰？

一八七四年，盧修斯・奎塔斯・辛辛納塔斯・拉馬爾是個「公職人員」。他不允許任何小問題、任何政治上的瑣事甚至私事打亂他的思緒。任何黨派的、個人的或地方的考慮都不會勝過他對國家利益和真理的忠心。他不僅是一位政治家，而且是一位學者，是他那個時代少數最有創見的人之一。亨利・亞當斯（Henry Adams）認為他是「美國最沉著、最明智、最和藹可親的人，具有獨特的社會感染力，尤其是……他圓融、幽默」。華盛頓著名記者亨利・沃特森（Henry Watterson）稱呼他為「最有趣、最可愛的人……確切地說，我認為拉馬爾是我在華盛頓見過的人中最明察秋毫的」。參議員霍爾有一次這麼說：

已故的馬修·阿諾德（Mattew Arnold）常常說，美國的公職人員缺乏他所謂的「特質」。但是沒有人如此評價拉馬爾。拉馬爾有自己的個性和氣質，無論到什麼地方都表現出明顯的魅力，是一個非常風趣、非常傑出和非常高尚的人。

華盛頓著名記者威廉·普勒斯頓·詹森（William Preston Johnson）寫道：「拉馬爾家族的人出身於胡格諾派教徒[1]家庭。他們家表現出傑出的天賦。由天賦產生的一切言行會使人感動，受到啟迪，感受到成功的喜悅或某種苦惱。」一一列出其父族的名字會給人留下深刻的印象，因為盧修斯·拉馬爾的伯伯叔叔中有好多傑出人物，米拉博·波拿巴（Mirabeau Bonaparte）在聖哈辛托戰役中衝鋒陷陣，突破了墨西哥軍隊的陣線，後來他因此當上德克薩斯共和國第二任總統。還有傑佛遜·傑克遜（Jefferson Jackson）、湯瑪斯·藍道夫（Thomas Randolf）和拉瓦西埃·勒格朗

1. Huguenot，十六、十七世紀法國基督教新教派。

（Lavoisier LeGrand），從這些教徒身上可以看到他們的興趣從歷史到政治、從政治到化學的轉變。但是，聰明過人和精神憂鬱則是他父親的顯著特徵。他父親在喬治亞州律師界事業有成，前程遠大，可是三十七歲那年卻情緒嚴重消沉，他與妻子兒女吻別後，走到自家花園飲彈自盡。

拉馬爾的一生貫穿著類似的鬱鬱寡歡，精神不振。儘管抑鬱從來沒有壓倒他，但是與他同時代的人看到他時時獨自沉思，動輒生氣，有時又悶悶不樂。他的青年時代是在喬愛爾·哈里斯[2]蒐集他的「雷默斯大叔和兔子老弟故事」那個地區的一個種植園裡度過，總的來說很幸福。拉馬爾之後因撰寫了南部農村的故事聲譽鵲起，亨利·亞當斯談起南部邦聯眾議員拉馬爾在倫敦本可能大有可為時說：「倫敦社會喜歡他，他寫的故事會一炮打響，他的舉止談吐使人傾倒，他的演講口才會打動每一位聽眾。」

拉馬爾在母親的引導下從一開始就顯現出學習上的卓越天賦。許多年後，他說：「書，我周圍都是書！母親放到我手中的第一本書是佛蘭克林的《自傳》（*Autobiography*）。」第二本書是羅林（Rollin）寫的《歷史》（*History*）；多年前，九歲的約翰·昆西·亞當斯也研讀過同一本書。拉馬爾在外交和法律方面博覽群書，對輕鬆的文學作品也愛不釋手。數年後，在拉馬爾走進白宮參加內閣會議時，不料從鼓鼓的公事包掉出幾本書，有幾個記者幫他撿起來，發現那些竟然都是廉價小說！

拉馬爾就讀的埃默里學院是爭取州權的溫床。該校校長是朗斯特里特（Longstreet）望族的成員，卡爾霍恩的熱情追隨者，他對拉馬爾的影響一直很大，在拉馬爾娶他女兒為妻後，其影響就更大了。當朗斯特里特離開喬治亞州到位於牛津市的密西西比州州立大學當校長時，拉馬爾陪他去那裡，在當地從事法律工作和教書。正是在這所大學執教期間，拉馬爾得到了機會，開始他的政治生涯。

一八五〇年三月五日，密西西比州州議會通過一系列決議，指示密西西比州議員投票反對加利福尼亞加入聯邦。當參議員富特勇敢地完全無視這些指示時，州權委員會的民主黨人勸說拉馬爾與富特辯論關於後者是否有資格回到密西西比州競

---

2. Joel Harris（一八四八～一九〇八年），美國作家，以方言寫作和幽默著稱。《雷默斯大叔的歌和話》（*Uncle Remus: His Songs and His Sayings*，一八八〇年）奠定了他在美國文壇的地位。

選州長。拉馬爾時年僅二十六歲，在州議會和政治生活中都是一名新手，但是該委員會只給他幾個小時，準備與一位當時最老練好鬥的政客進行辯論。但是他的即席演講，指責參議員富特無視密西西比州州議會的指示（二十八年後他本人如出一轍），居然令人注目地旗開得勝，在辯論結束時，州立大學學生「把拉馬爾抬到他們肩上走了出去」。

接著，由於他強烈支持卡爾霍恩和傑佛遜．戴維斯的觀點而被選入國會，在國會，亞歷山大．史蒂芬斯（Alexander Stephens）、羅伯特．圖姆斯（Robert Tooms）和南部其他聯邦主義者徒勞地謀求制止地方主義者分裂的潮流，拉馬爾仍然激烈地持親南部的立場。他在眾議院裡說：「別人也許自吹持有廣泛的愛國主義，並全面熱愛我們的聯邦。而我要坦率地表態，增進南部利益的重要性僅次於維護南部的聲譽。」數年後他說，在他發現奴隸制抵擋不住一場戰爭對它的摧毀之前，他從未懷疑過南部制度的合理性。然而在工作過程中，他並非毫不在意奴隸制註定的下場。他在一封信中寫道：「奴隸制的解體不會悄悄地發生……如果聯邦這個太陽將要西下，它一定會在血的洗禮中落下去。」

一八六〇年，用亨利．亞當斯（Henry Admas）的話來說，別人把他看作是「南部脾氣最火爆的人」。在失去南部可以在聯邦獲得公平待遇的一切希望後，他與傑佛遜．戴維斯一起離開正在查爾斯頓舉行的民主黨全國代表大會，從而打破了聯邦鏈索上另一個環節。一八六一年，他起草了密西西比州同聯邦脫離關係的退出法令，他在戰前的政治生涯達到了頂峰。撒下什麼樣的種子，拉馬爾和密西西比州就會收穫什麼樣的果實。

拉馬爾和密西西比州都受到劇烈的傷害。當然，在內戰以後很多年仍困擾著南部的很多次審判和大部分痛苦，應歸咎於原指望能在南部維持領導地位的那些人對抗失利。與北部相比，南部政府對局勢的控制始終有限，掌權家族的損失特別慘重。在美國，拉馬爾家族第一代在聯邦軍隊服役、擔任中校以上軍職的十三個子孫中，有七個在戰爭中犧牲。拉馬爾最小的弟弟，也許也是最優秀的弟弟，傑佛遜．米拉博（Jefferson Mirabeau）在騎馬躍過敵人在克蘭普頓峽谷構築的矮防禦牆時為國捐軀。他的表兄約翰——南部最大的奴隸主之一——也殞命在他身旁。兩年後，拉馬爾的大哥——佛羅里達第五縱隊上校湯普森．伯德（Thompson Bird）在彼得斯堡的浴血戰鬥中陣亡。拉馬爾的兩個法律合夥人也捨生取義了，他們是：在威廉斯堡與拉馬爾並肩作戰的莫特（Mott）上校以及在莫夫里斯伯勒（Murfreesboro）大屠殺中以身殉國的詹姆士·奧特里（James Autrey）。一塊原掛在辦公室門口、鐫刻著三個合夥人名字的破牌子漂流在河上被人發現。這是黑暗時代降臨的象徵。

拉馬爾本人的戎馬生涯也因中風而停止了。中風使他痛苦終生，就像在歡騰興奮時刻卻面臨死亡威脅那樣折磨著他。在內戰剩下的時間裡，他幾乎一直擔任聯邦政府的外交代表。

內戰摧毀了拉馬爾的全部希望和幻想。隨著內戰結束，拉馬爾忍辱負重，無可奈何地不顧過去的失意，準備到另一個國家去。用他的傳記作家卡特（Wirt Armistead Cate）的話來說，他覺得個人已名聲掃地了——他這個領袖把人民帶到了沒有回頭路可走的混亂狀態。但是他最終聽從了羅伯特·李[3]對南部領袖的勸告，留下來「與各自所在的州共命運」，從一八六五年到一八七二年，在密西西比州艱難的重建時期，拉馬爾默默無聞地留在那教書，兼任執業律師。

南部沒有一個州比密西西比州遭受到更多「拎毯製手提包的投機家」[4]統治的折騰。該州當時第一位美國參議員，後來擔任州長的阿德爾伯特·艾姆斯（Adelbert Ames）是緬因州人，是臭名昭著的「紐奧良屠夫」巴特勒的女婿。他在國會一個委員會裡承認，當選參議員才促使他住到密西西比州去。由獲得自由的奴隸和共和黨激進派構成的多數選他當了州長，聯邦武裝力量也支持他。有一個叫卡多薩（Cardoza）的人在紐約受到盜竊罪的指控，到了密西西比州成了公立學校校長。兩個曾是奴隸的人分別取得了副州長和州務卿的職位。密西西比州北部廣大地區滿目瘡痍。該州稅收已比平時增加十四倍，以便滿足南部重建時期政府的揮霍浪費和向州政府和國家償還沉重的戰爭債務。

拉馬爾經歷了這許多事之後，逐漸認識到南部的唯一希望不在於繼續與北部爭吵不休，而在於促進南北和解，恢復和發展與聯邦各州的正常關係，廢除軍事統治。只有讓北部理解到南部不再想（用拉馬爾的話來說）成為「美國政治中的煽動者和不安定因素」後，才能實現和好。拉馬爾希望北部明白，如果南部人民撤除遵守憲法的保證，北部人民的自由將會受到影響。他逐漸相信，美國將來的幸福只能建立

3. Robert Lee（一八〇七～一八七〇年），美國將領。一八五九年曾率軍鎮壓廢奴主義者約翰．布朗（John Brown）的起義。一八六一年內戰爆發後，任南部將領。一八六二年二月，任南部同盟軍隊總司令。一八六三年蓋茨堡戰役中被北部聯邦軍打敗。

4. carpetbag，十九世紀流行於美國的一種旅行包。這裡指美國內戰後重建時期拎著毯製手提旅行包到南方去投機謀利的北方政客。

在各州各階層人民和解與合作的基礎上。

反對他的政策的力量來自兩方面。一方面，共和黨領袖認為，只有揮舞血衣煽動群眾對南部復仇，才能保持北部和東部，特別是共和國大軍對他們的支持；經由一八六八年選舉，共和黨領袖認為，如果南部各州再一次被民主黨控制，這些州加上它們在北部的盟友，將會使共和黨在全國長期處於少數地位。另一方面，南部有些人通過縱容和利用南部人對佔領者的天然不滿和憤怒，輕而易舉地施展自己的影響，贏得了民心。

但拉馬爾相信，「我和南部其他眾議員一起必須遵循的方針是竭盡己力，減少南北之間的激動情緒，實現和平，重修舊好」。

一八七二年，他當選進入國會。他請求國會刪除《憲法第十四修正案》中對南部聯邦所有官員的限制，獲得了同意。薩姆納之死和麻州眾議員霍爾受邀宣讀悼詞這兩件事向拉馬爾提供了他夢寐以求的向北部示好的最恰當機會。內戰前他的聯邦分裂主義分子的名聲、擔任過邦聯官員的經歷、密西西比州和南部普遍對薩姆納的仇恨，以及拉馬爾本人非凡的演說才能，這些方面的整合確保了他的成功。而拉馬爾令人注目的外表進一步增強了所有這些於他有利的因素，用亨利．格雷迪（Henry

Grady）的話來說，他有「特別黝黑的皮膚，暗淡但潔淨；一雙炯炯有神但憂鬱的眼睛；高高的顴骨；深褐色頭髮；不露一絲笑容的嘴巴」。盧修斯・拉馬爾發表令人難忘的追思薩姆納的悼詞，是他第一次有機會展示新派南部政治家的風範。但這不是最後一次。

總的來說，密西西比州人終於領會和讚賞薩姆納悼詞所表達的感情；即使他們不是讚賞，至少會尊敬拉馬爾的真誠；即使他們曾經強烈反對過拉馬爾的判斷，如今也會原諒他在他們看來是嚴重的判斷失誤。由於聲譽日盛，以及一八七六年密西西比州恢復成為民主黨的天下，拉馬爾得以被州議會選中，進入美國參議院。但是在他從眾議院轉到參議院之前，他已在另一個熱點問題上拋棄了他的政黨，再次激怒許多他的支持者。一八七六年，海斯和蒂爾登（Tilden）競選總統的鬥爭十分激烈，最後選舉以民主黨的蒂爾登占微弱多數而取勝。儘管起初海斯承認失敗，但他的副手在共和黨的《紐約時報》配合下，使選民對蒂爾登明顯肯定當選的結果產生懷疑，然後又聲稱南卡羅來納、路易斯安那和佛羅里達這三個州競選結果顯示兩人不相上下，試圖通過這三個州「拎包政客」統治的政府篡改選舉結果，把選民的疑惑變成海斯肯定當選的預期。由於到處充斥著將發生暴力和軍事獨裁的謠言，國會決定由一個據說是無黨派人士組成的選舉委員會來進行仲裁——盧修斯·拉馬爾相信，客觀調查將證明共和黨的所作所為是一場明顯的騙局，他同意用調查辦法來阻止南北部重新發生不幸的衝突，過去發生的衝突已使他的思想更加成熟，視野更為開闊。

但是當該委員會完全按照民主黨的方針行事，對三個州有爭議的選票統計做出裁判，裁定海斯獲得一百八十五票，蒂爾登獲得一百八十四票時，南部人氣炸了。如果讓共和黨人再統治四年，這意味著南部要多受四年的約束和剝削，還要多等四年，南部才能重新獲得尊嚴以及在全國應有的地位。他們譴責拉馬爾用他的選票和黨派的名聲換取了自己未來地位的承諾。他們罵他是膽小鬼，生怕維護本州的權利會引起戰爭，還斥責他在最後的勝利必定屬於他們的關鍵時刻辜負了人民和政黨的希望。拉馬爾的敵人意識到，現在當選的參議員要六年後才須不得不爭取連任，所以他們發誓絕不忘記他背叛倒戈的這個日子。

然而盧修斯·拉馬爾——一個誠信守法的人，不得不接受他幫助建立的這個選舉委員會的調查結果，儘管調查結果令人震驚。他之所以支援該委員會的調查結果，是因為他覺得，要阻止海斯就職只有靠武力，而南北部若再兵戎相見對人民來說是莫大的不幸。他相信，儘管南部有人在煽風點火，想挑起戰爭，在這個時候南部人認輸才是上策。由於他通權達變，海斯也同意對南部妥協，包括從南部撤出佔領軍，在南部主要幾個州恢復地方自治。在南部許多政客大談公開反抗的時候，拉馬爾對他所在州的真誠效勞起初基本上未被人理解。在密西西比州疾風暴雨般的聲討面前，他巋然不動，準備為在參議院發揮無黨派、無地方主義的政治家的作用而經受最嚴峻的考驗。

南部邦聯高級別官員以前從未有人像他一樣進入參議院。許多參議員也未忘記，差不多二十年前拉馬爾是一個極端地方主義的眾議員，曾辭掉眾議員職位，去起草密西西比州退出聯邦的法令。時機不利於他的回歸。共和黨人已經譴責民主黨庇護背叛者和變節者。民主黨人造成地方之間日益不信任的結果，是南部產生了一批新的蠱惑人心的政客，他們是「南方佬」（南部支持重建計畫的白人後代），不容異說，復仇心切。

在一八七七年大部分時間裡，參議員拉馬爾勞累生病，在家休息。此時一場新的運動——「自由鑄造銀幣運動」（free silver）席捲南部和西部，在未來二十年成為困擾美國政黨的一個問題。自由鑄造銀幣運動的摩西[5]——威廉・詹寧斯・布萊恩（William Jennings Bryan）當時還沒有顯山露水，但是「白銀狄克」布蘭德（Bland）——來自密蘇里州的民主黨參議員——率先提出了把所有送到鑄幣廠的白銀不受限制地製成銀幣的議案。西部銀礦產量驟增導致銀價比金價低很多，所以白銀利益勢力的唯一目的是清楚、簡單並有吸引力的，那就是要把他們輕易開採出來的白銀，大量鑄成可能引起通膨的貨幣。

把白銀鑄成銀幣是密西西比州極受歡迎的一件事。一八七三年的經濟恐慌已使美國陷入有史以來最可怕的蕭條之中，南部原本貧困的州尤其受到嚴重打擊。成千上萬家企業倒閉，失業人數增加，工資減少，農產品價格從戰時高位迅速下跌，密西西比州農民急需現金，發誓支持任何能提高農產品價格、降低債務負擔和增加貨幣供給的法案。南部人預見，除非容易賺得到錢，可以償還沉重的債務，不然他們得長期向東部金融機構借債。

林賽[6]的詩歌明確表達了南部和西部看到東部對經濟的控制日益加強時所懷有的無奈和憤懣：

在無助的日子裡，所有這些人
受到冷酷無情的東部的壓迫，
討厭的家長式統治，
使南部為它們犯錯誤，
西部一大半人受折磨，
整個大西洋沿岸
似乎成了一群大蜘蛛的窩。

相對於黃金是富人才可能擁有的財富而言，白銀突然成為窮人的朋友，在政治上很有魅力；不像黃金是屬於華爾街的財富，白銀成了大草原和小城鎮上人們手中掌

5. Moses，《聖經》故事中猶太人的神聖領袖。
6. Nicholas Vachel Lindsay（一八七九～一九三一年），美國著名詩人，美國第一位電影美學評論家，出版過十二冊詩集，代表作有〈威廉·布斯將軍進天堂〉（*General William Booth Enters Into Heaven*）、《剛果河》（*The Congo*）等，有「現代吟唱詩歌之父」之稱。

握的錢財，白銀將易於解決人人面臨的難題——農產品價格下降、利率提高、債臺高築等。儘管民主黨自從傑克遜任總統和本頓任該黨領袖以來，一直是主張貨幣價值穩定的，但是它很快抓住並利用這個新的受廣泛關注的鑄幣問題，人們因此也自然地認為來自貧困的密西西比州的民主黨新參議員可能會熱情地加入爭取用白銀自由鑄幣的鬥爭。

但是拉馬爾這位知識淵博的學者和教授處理這個問題的方法與他的同事有所不同。在對選民的要求不予理睬的同時，他詳細研究了雙方有爭議的文章。通過研究他相信（也許是錯誤地認為），唯一正確的立場是支持價值穩定的貨幣。美國政府若用聲譽不好、膨脹過高的通貨來還債，哪怕是還給華爾街「得意忘形的債券持有者」，正如《布蘭德白銀法案》（the Bland Silver Bill）鼓勵的那樣，以及與此法案同時產生的《馬修斯決議》（Matthews Resolution）專門規定的那樣，從道德上說是錯誤的，在實踐中也是不可取的。他覺得這種做法肯定會使我們在世人面前汗顏，並且不是作為一項長期的金融計畫在實施，而是作為緩和全國經濟蕭條的一項謬誤的解困法案在推行。

一八七八年一月二十四日，拉馬爾在參議院的第一次重大演說中（一場履險如夷、博古通今的演說），拒絕了密西西比州選民的請求，抨擊對兩項白銀自由鑄幣措施的解釋是故弄玄虛和言過其實。第二天，他對《馬修斯決議》投了反對票，與他的密西西比州的同事針鋒相對，那是一位具有非凡才能的共和黨黑人，幾年前由原來「拎毯製手提包外來投機政客」組成的州議會遴選出來的。

美國許多地方讚揚拉馬爾對白銀自由鑄幣問題做出了具有政治家風範的透徹分析，但密西西比州卻對他撻伐有加。一月三十日，該州州議會通過一份備忘錄，刪去了全部涉及拉馬爾的內容，但是在文中以明顯蓄意的譏諷語氣祝賀並感謝他的黑人同事（民主黨白人議員通常激烈反對的對象）投了贊成票，因而反映了「他的選民的意志和情緒」。這份備忘錄對拉馬爾造成很大的傷害，他的知交、密西西比州眾議院議長的來信也未能寬慰他。議長說這件事「太令人氣憤了」，但是他又詮釋說道：

> 人民承受著生活艱難、資金短缺的壓力，他們的代表有責任抨擊某件事，讓他們洩憤，但是沒有一個代表能夠說清楚抨擊的原因或方式。

然而州議會並未就此甘休。二月四日，兩院通過決議，指示拉馬爾投票贊成《布蘭德白銀法案》，並要他利用密西西比州發言人身分努力保證這個法案的通過。

這個指令使拉馬爾煩惱不已。他知道，議員有義務遵守立法機構的指令這個觀念在南部根深蒂固。但他在給妻子寫信談到州議會下達給他的指令時，表示「我做不到這一點，我寧可永遠退出政界」。他試圖向州議會裡的一個朋友詳細解釋，他承認國會有權表達對聯邦政府政策的意見，參議員有責任在對自己應怎麼做發生疑問時照國會的意見去辦，但是對於這個特殊的例子，他堅持認為「他們的願望與我一生的信仰南轅北轍。如果聽從指令投票支援《馬修斯決議》，我就是首先對自己的良知投反對票」——

如果參議員讓自己受家鄉朋友意見的左右，不管他對他們或他們對他是多麼忠誠摯愛，他只好放棄先前準備和仔細考慮的充足成果，僅僅變成瞬息多變的公眾輿論的普通傳聲筒……這樣做會使一個人的政治家才能黯然失色，他的投票意向僅僅與流行觀點隨波逐流，而不是自己深思熟慮的結果。

而且，與主導他重回政界敢作敢為的觀念一致的是，拉馬爾決意絕不僅僅因為他的黨與他持相反意見就做出讓步。他不會靠精心策劃的退讓來為自己和黨派贏得北部的尊敬；但是在他憑自己的分析能力斷定該法案是錯誤的之後，他急於向全國證明，南部不乏正直的政治家，南部也不想拒絕履行為國家承擔的義務並維護國家的聲譽。他認為在這個問題上，南部不按狹隘的黨派方針行事特別重要。多年來，人們一直在爭論南部民主黨人是否應謀求廢除美國政府在內戰時期規定的、而南部人覺得沒有責任履行的義務。在南部民主黨人中，唯有拉馬爾一人反對「白銀自由鑄幣運動」，不過他同意喬治亞州參議員班・希爾（Ben Hill）的說法，雖然他在內戰時期竭盡全力使美國用六十美分購買一美元債券的人虧損六十美分，但現在他贊成按照承諾償還他一美元。

一個星期之後，《布蘭德白銀法案》提交參議院最終票決。當辯論接近結束時，參議員拉馬爾出人意料地站起來，手裡沒有拿講稿，他是參議院有史以來最傑出的即席演說家（他說過「使用鋼筆寫講稿會熄滅我心裡的智慧之光，折磨我的神經」），相反，他拿著一份蓋有密西西比州印章的官方文件，按頁攤放在辦公桌上。參議員拉馬爾先向同事表示歉意，然後解釋道，儘管他已對《布蘭德白銀法案》發表過意見了，但是他還有「另外一個責任要履行；履行這個責任非常令人為難，不過是問心無愧的」。接著他要求把他放在桌子上的各份決議書宣讀一遍。

整個參議院起先為之愕然，繼而當書記員用低沉的聲音宣讀密西西比州議會要求其參議員投票贊成《布蘭德白銀法案》的意願書時，全場鴉雀無聲，專心聆聽。當書記員宣讀完畢後，所有眼睛轉向拉馬爾，誰都對還會發生什麼事情沒有一點把握，正如華盛頓《國會大廈報》（*Capitol*）記者所說：

鑒於這位紳士在這個待決的法案上持令人為難的立場，每個參議員立即把注意力集中到他身上，整個參議院如死一般的寂靜。

在參議院大廳裡，盧修斯．拉馬爾這個結實但孤單的人物用柔和而有力的聲音發言，「他的嗓音由於激動而有點顫抖，他的身體由於焦慮不安而有點搖晃」——

議長先生：這些決議與我的理念有很大的差距。我不能讓它們通過……當我有幸幫助對本州青年進行教育時，我總是努力使他們樹立這樣的信仰：說真話比說假話強，正直比政策強，勇敢比怯懦強。今天我也面臨著實踐這些教誨的局面。今天我要嘛講真話，要嘛說假話；要嘛誠實，要嘛奸詐；要嘛對人民披肝瀝膽，要嘛對人民大逆不道。即使州議會不高興和反對，我也不能按照決議的要求進行投票。

我要向人民闡明我投票的理由。然後他們可以判斷是否我堅持了正直的信仰就會失去代表他們的資格，是否對一個困難又複雜的問題——這個問題我做過長期、耐心和認真的研究，並且抱著完全真誠的態度和單純的動機，盡自己最大的努力謀求解決——有意見分歧，就要使我們分道揚鑣……不管他們目前做出什麼決定，我知道他們認識到我今天的行動是明智和正確的時候並不遙遠。在恪盡職責的正確信念的支持下，我將鎮靜地等待結局的出現，相信偉大的美國人民會說「真理是所向披靡的，公平正義是必勝無疑的」。

贊成或反對該法案的雙方參議員都立即擠向拉馬爾辦公桌前稱讚他的勇氣。拉馬爾知道，他的演說和投票因為票數差額很大，既不可能阻攔《布蘭德白銀法案》的通過，也無法阻攔而後該法案不顧海斯總統的否決而得到實施。然而他胸有成竹、毫無懼色地違背選民的意志並非完全徒勞無功。他的發言在北部得到高度讚揚。北部對南部的不信任，對南部償還國債和信貸的態度的懷疑都減少了。《哈潑週刊》（*Harper's Weekly*）在指出拉馬爾的投票有悖於「他本州的公眾普遍懷有的強烈感情」後，下結論說：

> 沒有一個參議員比拉馬爾先生更能證明自己廣受尊敬是當之無愧的，因為沒有一個人在面對本州強硬抗議時，比他更浩然正氣地堅持原則……這位來自密西西比州的民主黨參議員顯示了美國政治家守正不撓、無所畏懼的本色。

《民族》（*The Nation*）週刊發表社論說，盧修斯．拉馬爾為了解釋他無視本州州議會的指示而發表的簡短演說，「從勇敢的氣魄、尊嚴和講話的感染力來說，國會裡從未有人超過他。他投的票將可能使他喪失參議院席位」。

這個預言看來肯定會實現。對拉馬爾的討伐迅即猛烈地爆發出來。他背棄了人民和黨派。用一位政治演說家的話來說，他「迫不及待地加入敵人的陣營，因此免不了要受自己同志的懲罰」。他的老朋友傑佛遜．戴維斯公開譴責拉馬爾無視州議會的指令是「對我國政治制度基礎」的打擊，也是對南部民主黨長期實踐的打擊。戴維斯的批評使拉馬爾深感痛苦。既不服從，也不辭職，以致選民「只好挑選其它真正能代表他們的人來取代他」，戴維斯說這意味著他看不到選民有足夠的智慧來處理這個問題。而拉馬爾的這位前上司的態度對他的打擊是很大的，但是以下事實卻發人深思——幾天後，當參議員霍爾硬不承認根據法律戴維斯有權獲得墨西哥戰爭賠償金時，拉馬爾站出來為這位南部邦聯領袖辯護，發表了激動人心、令人難忘的演說：

各位，霍爾說這種話是不需要膽量的……我相信他在基督教徒政治家中有一定地位，他也許比別人更能夠從神話故事裡汲取教訓。當普羅米修斯被綁在山崖岩石上時，不是天使，而是禿鷹把鳥喙刺入受難者受盡折磨的重要器官中。

（根據當時的記載，在拉馬爾氣憤地說出「而是禿鷹」時，他的右臂伸了出來，食指直接指著霍爾。）

大家都認為，拉馬爾的政治生命到任期結束時就完蛋了，剩下的問題是誰來接替他。拉馬爾熱愛密西西比州，所以該州對他的批評最使他沮喪。他寫信給妻子說，他真希望自己的經濟能力允許他辭去職務，同時又不使家人委屈：

除了能與妳相依為命外，這個世界對我來說很糟糕……從北部寄來的讚揚信很多很多，從密西西比州寄來的卻寥寥無幾……南部當真指責那些關注她的真正利益者的無私熱愛嗎？那些人用赤誠之心來勸阻國會避免犯錯誤……事實上，一個公眾人物採取一種會使選民失去對他愛戴和信任的立場，無異於在他心上壓一個沉重的十字架。

但是像他著名的叔叔——德州的米拉博．拉馬爾以及家庭其他成員一樣，盧修斯．拉馬爾不怕在風口浪尖上逆水行舟。他說，他確實違背了州議會的指令，但是「我呼籲州議會的主人，獨立自主的人民對我發出指令」。

在這樣表態後，拉馬爾開始馬不停蹄的密西西比州之行。在濟濟一堂的大廳或人頭攢動的開闊野外，拉馬爾向成千上萬人演講，坦率表明他完全認知到自己沒有取悅選民，也意識到利用他一直全力投入的政黨事業是一條取得成功的捷徑，但他想根據國家利益進行投票，不管黨派壓力有多大，從而幫助北部和南部之間建立相互信任和相互尊敬的關係。

他那熱情洋溢和別出心裁的演講每次持續三、四個小時，原本跑來想看他出醜的人竟聽得十分入迷。正如後來有幾位觀察家所說：「他滔滔不絕地演講，像洶湧傾瀉的山洪把河流中阻礙他前進的巨石一沖而光。」

但是拉馬爾並未利用如簧巧舌來左右人們的情緒或迴避問題。相反，他的演講高明地解釋了自己的立場，闡述了參議院的立憲史以及它與州議會的關係，並且舉出柏克、卡爾霍恩、韋伯斯特等著名參議員不同意執行州議會指令的例子，說明：「跟著上述傑出人物的榜樣做，比完全拋棄自己的判斷和信念，聽從眾人喧嘩的要求要好。」

每次會上，他會談及一件他發誓在內戰期間的確發生過的事情：一次，在南部邦聯高級軍官和文官的陪同下，拉馬爾登上了偷越封鎖線、開往薩凡納港的船。儘管高級官員在商量後斷定到薩凡納去是安全的，拉馬爾敘述說，但船長派水手比利·薩默斯到桅頂去看看港口有沒有北方聯邦軍隊的炮艦。比利說他看到了十艘炮艦。這批高級官員知道北方炮艦的位置不在薩凡納，他們告訴船長說比利看錯了，船隻應當繼續航行。船長拒不接受他們的意見，堅持認為雖然他們精通軍事，可是爬到桅杆頂上的比利．薩默斯拿著功能強大的望遠鏡，具備有判斷目前局勢的更有利條件。

拉馬爾說，後來的事實說明比利是對的，如果他們繼續航行，就會全部被俘。所以像水手比利．薩默斯一樣，拉馬爾雖然沒有說自己比密西西比州州議會更高明，但是他確信，作為美國一名參議員，他能更好地判斷怎樣才能最充分地為選民利益服務——

因此，同胞們，既然你們把我派到桅杆頂上，我就要告訴你們我看到了什麼。如果你們說我得下來，我會毫無怨言地服從，你們不會要我謊報軍情；如果你們把我再派到桅杆頂上去，我只會說我永遠熱愛國家、真理和上帝……我一直認為，在以人民獨立自主的基礎上建立起來的共和國裡，知名公眾人士的首要責任是真心誠意和直言不諱地向選民發表自己的意見。我高度重視密西西比州人民的信任，但我從未能使我的行動準則得到廣泛贊同。我極其尊重公眾輿論，但是我認為，只要出於公平嚴明的動機，就會有一股持久的力量在任何環境中支持一個人保持立場堅定。

拉馬爾之行取得了巨大的成功。「原先與拉馬爾敵對不願聽他演講的人竟然登上椅子和桌子，揮舞帽子，大聲叫好，叫到喉嚨嘶啞。」另外一些人悄悄離開會場，心裡琢磨著拉馬爾演講的重要意義。當拉馬爾在亞祖郡演講時，他的反對派的據點亞祖《先驅報》（*Herald*）報導說，拉馬爾像「一頭走投無路的獅子」，「終於戰勝了成百上千人的偏見，他們曾受人矇騙，認為拉馬爾在某些問題上的觀點主要遷就新英格蘭的選擇，而不是密西西比州的選擇」。此後不久，亞祖郡民主黨代表大會通過一項決議，要求民主黨州議員「為他投票，始終支持他，選擇他去當美國參議員」。

令人鼓舞的是，密西西比州人民仍然支持他，儘管在三次重大場合——他發表對薩姆納的悼詞，他支持選舉委員會促成共和黨人海斯當選以及他不參與選民強烈贊成的白銀自由鑄幣運動——他站在選民當前願望的對面。投票者對拉馬爾顯示出的真誠和勇氣做出回應，在他後來的政治生涯中，繼續給予他支持和呵護。他以絕對多數票重新當選參議員，後來又成為參議院民主黨核心小組主席，再後來擔任內政部長，最後成為美國最高法院法官。人們恰如其分地說他是自內戰結束到十九、二十世紀之交時期，南部最非凡政治家，無論何時他都沒有偏離他在一八七八年受到猛烈抨擊時表達過的堅定信念：

如果公務員僅僅對選民唯命是從，而不是充當真正意義上的代表，去謀求全國的持久繁榮和未來利益，美國的自由及重大利益絕不可能得到保障。

# Part 4

# Profiles in Courage

## 時代背景

★

The Time and the Place

兩個正直的人——都是共和黨人、中西部人士，但他倆的政治觀點和個人風格截然不同，充分體現了二十世紀對整個參議院的影響，特別是對政治上當仁不讓的氛圍之影響。大約十七年前，喬治．諾里斯和羅伯特．塔夫特只有一小段時期同在參議院供職，他們都是立法高手，也都是政治上基本對立的派別領袖，都以各自的方式闡述偉大的憲法原則。由於卓有建樹，他們以及其他像他們一樣的人為美國參議院帶來越來越大的聲望和尊重。在世紀之交，賢達和精英追逐名利和權力的途徑已經轉向工業，而不是政治。結果，公眾對從政的態度通常更加地表現為冷淡、輕視、不尊重，甚至認為從政只是為了消磨時光。

參議院同樣隨著政界聲望式微，部分原因是公眾看不慣那些新派參議員，在一九〇〇年這些人通常是驕傲自負的公司律師和道德敗壞的政黨魁首。參議院的存在，似乎不再像內戰前的那些年一樣，能引起諸多興奮和注目，也不像在詹森和格蘭特政府時代那樣還有可以肆無忌憚地利用的權力和威望了。另一部分原因是立法問題越來越複雜和多樣——看來聖多明哥[1]比薩姆特要塞[2]遙遠得多，泰迪．羅斯福[3]對參議院說，想阻止他的《聖多明哥條約》的通過，參議院是「完全無能為力的」，而「州際貿易」也遠不如「白銀購買法」那麼令人感興趣和有樂觀的前景。著名參議員的名字不再像在三黨聯合政府時期那樣婦孺皆知。全國不再像在大妥協時期或詹森彈劾案時期一樣全神貫注於參議院辯論了。國內最聰明的學生——六十或七十年前這種學生能記得韋伯斯特給海斯的答覆——也不再有興趣把政治當職業了。

---

1. Santo Domingo，現為多明尼加共和國首都。一四九六年時是西班牙殖民地。一七九五～一八〇九年由法國佔據。一八四四年成為獨立國家首都。一八六一～一八六五年又隨國家歸屬西班牙。
2. Fort Sumter，美國爆發南北戰爭的一個地點。一八六一年初，退出聯邦的南方七個州宣佈接管州內所有炮臺，聯邦只能管兩個要塞，其中之一就是薩姆特。一八六一年三月林肯任總統後，南部邦聯要求聯邦軍撤出薩姆特要塞，遭林肯拒絕。南軍於四月十二日向該要塞開炮，兩天後要塞陷落。這次失敗促使北部團結對敵，林肯很快徵召到七萬多人入伍。
3. Theodore Roosevelt（一八五八～一九一九年），泰迪（Teddy）是希歐多爾（Theodore）的暱稱。美國第二十六任總統（一九〇一～一九〇九年）。一八八一～一八八四年參加紐約州議會，並成為共和黨領袖之一。一八九七～一八九八年任海軍副部長，力主對西班牙作戰，曾組織美國志願騎兵團上前線。一九〇〇年任副總統。一九〇一年因威廉．麥金萊（William McKinley，一八四三～一九〇一年）遇刺身亡，繼任總統。

在二十世紀開始時確實積極關注參議院行動的公民，通常主要懷著擔憂而不是自豪的心情。全國出現了一批了不起的改革家、黑幕揭發者和行政治理改進運動成員，在參議院裡新一代理想主義者和特立獨行者正是他們的代表，這些人才華洋溢、卓有遠見，可以與先前名聲顯赫的政治家相提並論。為了讓選民與參議員之間彼此關注，參議院內外的改革家終於完成了選舉機構長期未能實現的變革——選舉參議員的權力從州議會直接交還給人民。

《憲法第十七修正案》[4]於一九一三年才正式生效，反映出的對廣大選民「群眾」的態度，已與憲法創始人在一七八七年所持有的不信任截然不同，但它也反映出人們對州議會的尊重普遍下降，因為州議會過去常常允許勢力強大的院外遊說集團和政治機構行使挑選參議員的神聖權利。有一家鐵路公司總經理對威廉·萊昂·菲爾普斯（William Lyon Phelps）說，他本人從來不想當美國參議員，因為他已經造就了許許多多個參議員。著名的新英格蘭參議員錢德勒（W. E. Chandler）提到這件事時，簡要地解釋他退隱田園的原因是「火車已從他身上碾過去了——鐵路公司對他施加的壓力大得讓他受不了啦」。

《憲法第十七修正案》幾乎立即使參議院對順應人民的意志做出積極的反應，這一點無論在理論上還是實際上都無可置疑；但是該修正案沒有產生深遠的影響，參議院的特性和結構沒有如改革家所希望的那樣發生巨大變化。賓州政治領頭羊、參議員博伊斯．彭羅斯（Boies Penrose）對一位力主改革的朋友說：

讓我時時刻刻和人民在一起！看看我的情況吧！沒有一個州議會敢於把我選進美國參議院，即使在哈里斯堡也如此。但是人民，親愛的人民絕大多數選舉我，比我的對手的總票數超過五十萬。你和你們「改革派」朋友以為，直接選舉可以把像我這樣的人趕出參議院！每一次都把我交給人民來作決定吧！

過去沒有、現在仍沒有辦法憑統計資料科學地衡量直接選舉參議員對參議院本身性質的影響。對整個參議院或參議員個人從來不乏輕蔑的批評或大力的讚揚。但是通常人們都是從有限的事件或經歷概括得出好或惡的判斷。例如伍德羅．威爾

---

4. 《憲法第十七修正案》規定參議員由人民選舉產生。此修正案在威廉．塔夫特（William Howard Taft）總統任內獲得通過，在他一九一二年死後一年才生效。

遜[5]在去世前不久，在加入國聯和批准《凡爾賽和約》上的努力受到參議院的猛烈抨擊，別人建議他應在參議院為紐澤西州謀得一個席位，他不接受，他說：「在美國以外的國家，參議院還不至於一錢不值，而在美國，參議院基本上被人嗤之以鼻。五十年來，他們沒有出過好主意。」一九二〇年時，許多人同意威爾遜的看法，直到今日也許有些人還贊同這種意見。

但是伍德羅·威爾遜教授在自己經受重大的政治考驗之前，曾把美國參議院看作是世界上最能幹和最強大的立法機構之一。參議院的權力以及謀求控制它的那些參議員的能力部分來自聯邦立法機構在國家事務中越來越大的影響。更重要的是，參議院在外交領域的權力也逐漸增強——當美國在國際社會的地位提高時，它在外交方面的權力成倍增加，從而使參議院在二十世紀成為更加舉足輕重的機構，而且從參議院所做出的決定的實際效果看，遠遠要比韋伯斯特、克萊和卡爾霍恩那時的參議院輝煌耀眼，這些人當時為奴隸制問題做出過不懈的努力，但是徒勞無功。

正如在一八五〇年深受國內危機困擾的美國需要英勇無畏的參議員一樣，陷入國際危機的美國同樣需要敢作敢為的參議員。約翰·昆西·亞當斯在喬治·諾里斯進入華盛頓之前一百年已懂得這一點。但他未能預見美國在世界上的地位將不斷把危機和麻煩帶給參議院。那些危機迫使像喬治．諾里斯這樣的參議員在良知和選民意願之間做出抉擇；那些麻煩迫使像鮑勃．塔夫特這樣的參議員在恪守原則和爭取民心之間做出抉擇。

這並非是二十世紀唯一需要拿出政治勇氣來的情況，可能也算不上最突出或最重要的局面。然而參議院的性質、工作和成員起了變化，使得無私地擁護崇高但不受某些選民支持的原則推動美國前進的次數減少了。由於我們與這些參議員幾乎生活在同一個時代，他們的行為要等到將來用比較客觀的歷史觀點去評價，其政治勇氣也許在史冊中可以大書一筆。二十世紀的參議員可能不需要像艾德蒙．羅斯或湯瑪斯．哈特．本頓一樣，為了處理好一個基本問題，冒著犧牲將來前途的風險。我們現在做出勇敢的行動也許不需要像山姆．休士頓和約翰．昆西．亞當斯那樣犧牲自

5. Thomas Woodrow Wilson（一八五六～一九二四年），美國第二十八任總統（一九一三～一九二一年）。民主黨人。一八九〇～一九〇二年任普林斯頓大學教授。一九一四年第一次世界大戰爆發後，宣佈美國中立。一九一七年加入協約國一方作戰。一九一八年一月倡議建立國際聯盟以及處理戰後國際問題的二十四點計畫。由於參議院拒不批准凡爾賽和約與加入國聯，曾周遊全國進行宣傳，途中因病未獲成功。

己的政治生涯去喚醒民眾。不管怎樣，當我們認識到，時至今日，如果決意要在報刊上譴責某位參議員，其能觸及的選民，可以比過往韋伯斯特手下所有善辯的知名批評家之總和多上數千倍，二十世紀那些政治上敢作敢為的事蹟仍會引人注目，仍有獨特的激勵和啟示作用。

Chapter

# 08

## 喬治·諾里斯

GEORGE NORRIS

1861-1944

"

我寧可問心無愧地走向政治墳墓，而不願乘著凱旋的馬車，充當國會臥底、奴隸、僕人或任何人的家臣——不管這個人是立法機構的主人和總管，還是一個大國的統治者……我寧可埋葬在安靜的墳墓裡，讓朋友和敵人都記住我忠於信仰，循名責實，絕不願無所作為地活著，慢慢變老，對共和與民主兩個黨派都缺乏信心。

I would rather go down my political grave with a clear conscience than ride in the chariot of victory as a Congrssional stool pigeon, the slave, the servant, or the vassal of any man, whether he be the owner and manager of a legistive menagerie or the ruler of a great nation... I would rather lie in the silent grave, remembered by both friends and enemies as one who remained true to his faith and who never faltered in what he believed to be his duty, than to still live, old and aged, lacking the confidence of both factions.

"

我回到家鄉是想向大家說說真心話。

"I have come home to tell you the truth."

一九一〇年初，一個寒冬的下午一點整，賓州眾議員約翰·達爾澤爾（John Dalzell）像往常一樣離開議長席，走出眾議院大廳，到國會大廈餐廳喝杯咖啡，吃塊餡餅。他的離座是司空見慣的，因為達爾澤爾是議長喬·坎農（Joe Cannon）的第一助手，可以坐在議長席掌握眾議院會議，他總是準時離開大廳，幾乎同時，總是由愛荷華州眾議員華特·史密斯（Walter Smith）來接替。但是在一月的這個特殊的下午，有位穿著普通黑西裝、繫著一根廉價小領帶、頭髮蓬亂的眾議員用奇怪的滿足神情注視著達爾澤爾步向走廊。當這位眾議院議長助理很快走到大廳門口時，內布拉斯加州的共和黨眾議員喬治·諾里斯則走到了眾議員史密斯面前，詢問能否給他兩分鐘時間談談。史密斯雖然是共和黨內坎農—達爾澤爾統治集團的一員，但也是諾里斯的私交，所以他答應了。

令史密斯驚訝的是，眾議員諾里斯想修改正在辯論的決議——這個決議要求建立一個聯合委員會來調查巴林傑－平肖（Ballinger-Pinchot）關於保護自然資源的爭端，即要求由眾議院全體成員決定委派組成調查委員會的成員，而不是按慣例授權給議長去挑選。

男侍從迅速去找坎農和達爾澤爾。這是眾議院內部第一次作亂犯上——第一次嘗試限制「沙皇」坎農原本無限的權力！但是諾里斯堅持他只要求進行公正的調查，而不是由政府操縱的調查。由於平肖的追隨者、共和黨內反對派以及實際上所有民主黨人的參與，諾里斯以一百四十九比一百四十六票微弱多數成功地使他的修正案得以通過。

這是強勢的議長遭到的第一次挫折。他發誓永遠不會忘記這次失敗。但是對諾里斯來說，關於調查委員會任命問題的勝利，僅僅是牛刀小試。因為在他破舊大衣的內口袋中早就放著多年前他字跡潦草擬就的決議稿，這份稿要求由眾議院全體成員而不是議長任命「規則制定委員會」的成員，該委員會在過去完全專橫地制定眾議院規則，並且是全受議長的支配。

在一九一〇年聖派翠克節，諾里斯站起來對著「沙皇」發言。僅僅幾分鐘前，坎農決定根據憲法特准他的同夥倡議的一項人口普查法案，鑒於這個法案規定要開展人口普查這樣的大事，予以特准是不合議事規程的。諾里斯大聲說：「議長，我要提出一個憲法特許的決議案。」「先生，您請說。」坎農洋洋得意地回答，沒想到馬上有一番抨擊。諾里斯打開從大衣口袋取出那業已破裂的紙，請書記員大聲朗讀。

這一招使共和黨領導人感到驚慌失措。先前小道消息傳出諾里斯擬提出的決議案內容，但一般共和黨人都只把它當成不屑一顧的玩笑，他們知道自己有權能夠在規則制定委員會裡就使它永遠銷聲匿跡。現在坎農為支持朋友的人口普查法案而做出的裁定給了諾里斯及其決議案——顯然這個決議案以憲法關於眾議院制定規則的條款為依據——一個可乘之機，使諾里斯得以領導離經叛道的共和黨人和所有民主黨人。坎農及其助理官員都是國會裡縱橫捭闔的高手，所以沒有立即讓步。他們試圖休會，暫停討論或在表決時設法達不到法定人數。一方面他們繼續辯論諾里斯的決議案是否可以特准通過；另一方面讓支持者趕快從聖派翠克節遊行趕回來。他們讓眾議院的會議繼續舉行，希望以此打亂組織不嚴的反叛者陣腳。整個晚上，反對派坐在椅子上，不願意離開去打一會盹，唯恐坎農趁他們不在突然做出裁決。

最後，等到威嚇和妥協等所有手段都嘗試失敗後，正如預料的那樣，議長坎農裁定決議案不符合議事規則，諾里斯立即請求付諸表決。結果，民主黨人和一些共和黨反對派以一百八十二比一百六十票推翻了議長的裁定，並且諾里斯的決議案為了獲得民主黨的支援，內容已經作了相應修訂，以更大的票數差額通過。於是在美國眾議院歷史上最冷酷無情和專制獨裁的議長提交了辭呈，但是諾里斯始終說他的抗爭旨在結束議長的專制權力，而不是要懲罰某個人，所以他投票反對議長辭職。幾年後，坎農對諾里斯說：

諾里斯，在我們激烈的爭論中，我想不出有哪件事你做得不公平。對你的許多同事，我不會這麼說，現在我還要對你說，如果你們這夥人中必須有人被選入參議院的話，我寧可挑你，而不挑其他人。

推翻坎農的裁定等於打破保守共和黨領導人對國家和政府的束縛，同時也等於終止他自己以前在他們的統治時獲得的好處。在「沙皇」坎農的統治下，眾議院議長可動用的權力有時候幾乎與總統和參議院一樣。這種權力憑藉對政黨的忠誠、資助和政治組織的支撐，把黨派政見放在其他一切考慮之上。儘管這種權力在美國東部以外各地日益不得人心，但在國內繼續維持了多年沒有受到挑戰。有位編輯評論道：「一個沒有地位的人反對二百人，這些與華盛頓有史以來最強大的政治機構已融為一體，並且兩次打敗了他們。諾里斯先生就是這樣一個值得我們瞭解和關注的人。」

諾里斯之所以值得注目，是因為他在戰勝坎農後不久當選為美國參議員，而後他在參議院的工作又使他獲得了美國政治生活中最勇敢人士之一的名聲。雖然推翻坎農的裁定在內布拉斯加州受到所有人（除了少數共和黨死忠分子以外）的歡迎，可是抨擊黨內地位牢固的領袖需要這位年輕的眾議員具有巨大的勇氣和領導能力，並且願意拋棄如果忠心跟著政黨走可以帶來的安逸和盟友。在參議院，他不僅經常與黨搞壞關係，而且也常與選民搞壞關係。有一次他說：

我寧可問心無愧地走向政治墳墓，而不願乘著凱旋的馬車，充當國會臥底、奴隸、僕人或任何人的家臣——不管這個人是立法機構的主人和總管，還是一個大國的統治者……我寧可埋葬在安靜的墳墓裡，讓朋友和敵人都記住我忠於信仰，循名責實，絕不願無所作為地活著，慢慢變老，對共和與民主兩個黨派都缺乏信心。

這就是一個理想主義者，一個獨立思考的人，一個戰士，一個信念堅定、英勇無畏和光明正大的人——內布拉斯加州的諾里斯說的話。我們不要妄稱他是一個十全十美的道德典範，相反，他不止一次感情用事，在斥責別人時是謾罵式的，對別人往往進行激烈的、言過其實的抨擊，而不是集中火力抨擊問題本身。但是沒有任何力量能動搖他自認為正確的立場，動搖他幫助人民的決心，動搖他拯救人民免受貧困和戰爭災難的希望。

諾里斯在童年時代已嘗到貧困的苦楚。喬治只有四歲時，父親就去世了。他在十多歲就不得不為了母親和十個妹妹的生計，到俄亥俄州樹樁殘根隨處可見的農田上幹活。另外，他那已記不得樣子的大哥在內戰中猝然陣亡，他感受到戰爭的恐怖，這位在戰鬥中負傷的大哥於犧牲前不久寫給他的一封勵志信，年輕的喬治多年來一直珍藏著。一九一七年，當美國瀕臨歐洲衝突的邊緣時，諾里斯仍未忘記母親的悲傷和她對戰爭的憎恨。

喬治・諾里斯當過鄉村教師、小鎮律師、地方檢察官和法官——這些職業他從事了很多年，從而開始瞭解內布拉斯加州人民和西部的情況，看到了農業抵押品贖回權的取消、家宅和土地遭到沒收、流向城市的農場工人失業。

當十九世紀結束、二十世紀肇始時，美國發生了變化，工業和城市開始發展，美國在世界的力量正增強。然而諾里斯改變得很少——以後的變化也不大。他那矮胖敦實的身體仍舊穿著並不光鮮的黑西裝和白襯衫，戴著黑色狹長的領帶。他一生大多數時間都這麼穿戴，一直到死也未變。他篤厚淳樸，披心相見，迴避政界的社交，喜歡在晚上靜靜地看看書，這與本國職業政治家迥然不同。然而他在選民中的聲譽已經遠遠超過了那些人。

當他開始在華盛頓長達四十年的事業時，他的政治觀點發生了變化。一九〇三年，諾里斯離開內布拉斯加平原，第一次走進眾議院，此時他已經是一個忠實的保守派共和黨人。正如他後來寫到的，「我的立場是堅定的，我的信念是超越情理的，我反對其他政黨或與我不同的政治思想的態度是百折不撓的」，但是「我看到我所欽佩的英雄一個個消失了……我發現我所屬政黨事實上也犯了我指責反對黨犯過的所有過失」。

僅僅用一章的篇幅，無法充分講述所有由諾里斯領導的英勇獨立鬥爭。他影響最深遠的功績是在公共權力領域。儘管田納西河流域的人民離他的家鄉內布拉斯加州有一千英里遠，可是為了讓該流域人民享受廉價水電的好處，他長期進行爭取，努力的程度無人能匹敵。在他的一生中有三場鬥爭顯露出他的英勇無畏，值得特別加以關注：一場是推翻「沙皇」坎農裁定的鬥爭，一場是他支持艾弗雷德・史密斯[1]在一九二八年競選總統的鬥爭，還有一場是他在一九一七年設法阻止《武裝商船法案》（the Armed Ship Bill）通過的鬥爭。

一九一七年初，威爾遜總統痛苦地決定執行「武裝中立」的政策，當他來到緊張的國會兩院聯席會議，要求立法授權他武裝美國商船時，美國公眾立即表示贊同。肆無忌憚的德國潛水艇對英國進行嚴密的封鎖，德皇威廉二世（Kaiser）想以這種

1. Alfred Smith（一八七三～一九四四年），美國民主黨人，前後擔任過四屆紐約州州長（一九一八～一九二〇年，一九二三～一九二八年）。

方法迫使英倫三島因缺糧挨餓而屈服。美國國務卿藍辛[2]接到德國彬彬有禮的通知說，若美國商船進入戰爭區域內，有可能受到魚雷襲擊。事實上美國商船已遭到搜捕或被擊沉。報紙上充斥著美國水手受到虐待的報導。

當《武裝商船法案》的辯論正在進行時，報紙獲悉一個敵人對付美國的新陰謀，訊息源於德國外交部長齊莫爾曼[3]致德國駐墨西哥公使的一封電報中。所謂的照會（有人質疑其真實性以及英美政府在這特殊時刻透露消息的動機）提出德國與墨西哥和日本結盟，共同反對美國的計劃。為了給充當侵略基地的墨西哥一個回報，德國答應讓墨西哥恢復佔領由山姆．休士頓及其同胞在七十多年前奪取的「美國殖民地」。

當英美把齊默爾曼的照會內容捅給報刊後，眾議院裡所有對《武裝商船法案》的抵制立即偃旗息鼓了。該法案很快以四〇三票對十三票的壓倒性多數在眾議院獲得通過，這次表決顯然代表了贊成美國總統採取措施的民意。當然內布拉斯加州全體眾議員對該法案的絕對支持，也反映了該州人民的情緒。

但是在一九一七年三月二日的參議院裡，《武裝商船法案》受到了由威斯康辛州的羅伯特．拉福萊特（Robert La Follette）和內布拉斯加州的諾里斯所領導的兩黨一大批反對派的堅決反對。新任參議員諾里斯所屬的州從前一年即投票支持民主黨州議會、州長、參議員和總統。與拉福萊特不一樣的是，他在自己的政治圈裡的地位並未牢固，也不相信本州人民會反對威爾遜總統及其政策。

在幾個月之前，他支持了威爾遜總統的主要外交政策，包括斷絕與德國政府的外交關係。儘管諾里斯是一個反戰主義者和孤立主義者，但是他的秉性使他不可能在所有國際問題上一味阻攔，或對總統的所有請求一概堅決反對（事實上，當第二次世界大戰臨近時，他的孤立主義基本上煙消雲散了）。

但是諾里斯厭惡戰爭，他擔心「大企業」一心想促使美國進入一場毫無意義的血

2. Robert Lansing（一八六四～一九二八年），美國律師，國務卿（一九一五～一九二〇年）。任內，一九一七年同日本簽訂《藍辛—石井協定》（Lansing–Ishii Agreement），一九一九年與威爾遜總統出席巴黎和會。由於在國際聯盟、和約條款等問題上與總統意見分歧，最終辭職。

3. Arthur Zimmerman（一八六四～一九四〇年），德國外交部長。一九一四年七月任代理外長，一九一六年十一月任正式外長。在致德國駐墨西哥公使密電中，要求公使向墨西哥總統建議立即與日本結盟，並表示德國「諒解墨西哥想恢復在德克薩斯、新墨西哥和亞利桑那的失地」。該密電很快被英國海軍部情報局截獲和破譯。一九一七年三月一日，美國總統威爾遜公佈了電文。

腥鬥爭，他認為「大企業」正在推動我們沿著戰爭的道路前進；他也擔心總統遠沒有對人民推心置腹，而是竭力使輿論倉促地對參議院施加同意參戰的壓力；此外他認為，實施《武裝商船法案》實際上是用美國人的生命去保護美國軍火商利潤的一種手段，可以不經國會進一步考慮，直接把我們作為參戰者推入國際衝突（即美國遭到德國直接進攻）的一種手段。他擔心該法案獲得的權力太大，他也不滿意外界對國會施加通過該法案的壓力。現在諾里斯是對還是錯已不重要，重要的是他在支持自己信念時所表現出來的勇氣。

「人們也許不相信，」諾里斯曾經說，「我並不喜歡捲入爭鬥。」一九一七年，不管他喜不喜歡，這位新參議員準備進行政治生涯中最艱鉅、最苦惱的一場鬥爭，鬥爭的時間正好在諾里斯本人提出《憲法第二十修正案》（綽號「跛腳鴨修正案」〔Lame Duck〕）之前。第六十四屆國會將在三月四日中午結束，新總統的任期從這天開始。如果參議院在這之前無法進行表決，就可阻攔國會通過《武裝商船法案》。諾里斯及其一小夥人希望，在一九一六年總統競選運動（主要口號是「他使我們避免戰爭」）中，人民選出的新國會能參與反對該法案的通過。至少能對該法案給予更認真的研究。但是在接下來的兩天內，阻止表決該怎麼辦，這可以用一句話來概括：在國會發表冗長演說來拖延表決！

諾里斯曾宣導改革參議院規則，以糾正濫用冗長演說拖延表決的弊端，但是他現在強烈感到戰爭問題更加至關重要，所以「儘管對使用這個辦法非常反感」，他也只能「己所不欲，仍施於人」了。他以代表自己集團的議員領袖身分，安排所有發言人確保這場有可能使法案付諸表決的辯論絕不中斷。

他在參議院的許多知己朋友看到他的行動十分驚訝。有位對國內反德情緒重新高漲的形勢了然於胸的參議員抱怨道：「除了道貌岸然者密集的州外，沒有其他州會支持諾里斯努力做的事。」但內布拉斯加州並沒有支持其所屬年輕參議員的立場。在辯論進行時，內布拉斯加州的報章用含蓄的警告口吻說，眾議院有大量選票「將會代表人民的意願」。而內布拉斯加州議會已經異口同聲地向威爾遜總統保證「內布拉斯加州全體公民不管屬於什麼黨派，不管什麼血緣和何處出生，都忠誠一致地支持為維護美國人的權利、國家的尊嚴和國旗的榮譽而必須做的事情」。

但是諾里斯是以本人的良知作為行動指南。「否則，」他說，「按照公眾表達的情緒亦步亦趨的國會議員僅僅是一台自動執行指令的機器而已，國會不必要求議員具有愛國主義、教育修養和勇氣了……」所以，諾里斯只憑自我良知的支持，通宵達旦地工作，為他那士氣已逐漸消沉的一小幫人打氣，準備好新的發言人將辯論繼續開展下去，並阻止反對派謀求結束冗長演說的任何行動。

後來諾里斯說，有幾個參議員私下接近他，表示他們希望冗長演說這一招取得成功，同時他們要用遵守黨規和認可政治權宜之計作為自己公開支持總統立場的辯護理由。當諾里斯告訴他們，要緊的是確保有足夠的發言人上臺演說，不管他們發表什麼觀點，這時有兩位支持總統的人私下裡與諾里斯達成協議，由他們長時間發表贊成該法案的演說。

辯論夜以繼日地繼續著；在三月四日上午，參議院呈現出一派疲憊不堪、亂七八糟的景象。諾里斯後來寫道：「這最後幾分鐘，我永生難忘。」——

在議會大廳裡，人們變成情緒的奴隸。依我看，美國歷史上從來沒有出現過比這裡更加強烈的憤怒與苦惱的衝突。當時針顯示中午已經來臨時，議長宣佈休會。借助冗長演說拖延表決的策略奏效了。本可能授權美國商船武裝禦敵的會議公報未在參議院獲得通過……在全美國，特別是在參議院，激情澎湃……迄今為止我一直認為當時用冗長演說阻擱國會表決的辦法是對的，我從不為自己參與拖延行動而感歉疚……說實話，我們認為，在這場抗爭中，通過我們的行動，終於避免了美國參戰。

但是他們的勝利是暫時的。因為美國總統立即要求國會召開特別會議，在會上參議院批准了限制辯論以便把法案付諸表決的規則（這件事得到諾里斯的支持），此外他還宣佈，對總統職位的進一步研究表明，行政權中已包括他擁有不經國會同意就可以武裝商船的權利。總統還提出嚴厲的批評——「一小撮一意孤行的人，僅僅代表他們自己的觀點，弄得偉大的美國政府無能為力，丟人現眼」。

諾里斯說，總統尖刻的指控對於恪盡職責的人是極大的不公。但是，除了德國報刊給予他們令人尷尬、於事無補的表揚外，美國報刊「竟以竭盡貶低這些人為能事，這在美國新聞史上是無先例的」。用路易士維爾《信使報》（*Courier Journal*）的話來說，這些人背上了「永久的罵名」。在卡內基大廳舉行的一次群眾集會上，人們譴責諾里斯及其同事是「拒絕在公海上捍衛星條旗的變節者和缺德者」，而且每當提及諾里斯、拉福萊特及其支持者的姓名時，群眾就會大聲喊叫「叛徒」和「吊死他」。紐約市長在另一次會議上對群眾嚷道：「把我國人民分成美國人和叛徒兩個類別的時間已經到來了。」

哈特福德《新聞報》（*Courant*）稱他們為「政治流浪漢」，紐約的《太陽報》（*Sun*）把十二個美國參議員稱為「一群道德墮落者」。普羅維敦斯《紀事報》（*Journal*）說他們的行為是「十足的背叛」，《紐約時報》社論說，「對他們的背叛動機的公憤將永遠與他們的名字形影相隨」。紐約《先驅報》（*Herald*）預言，「如果他們的名字載入史冊時，能不與班尼迪克·阿諾德（Benedict Arnold）相提並論就算萬幸了」。

在以後的幾十年裡，諾里斯學會了承受必然加在他直率和獨立觀點上的種種冷酷謾罵。在參議院，有人稱他為布爾什維克分子、阻撓進步的敵人、叛徒等。但是現在，他以前的朋友開始對他惡言相加，情斷義絕，這使他深感痛心。有一天下午，諾里斯和拉福萊特在華盛頓一輛電車上，有幾個人竟下車拂袖而去。寄給諾里斯的郵件也是譭謗性的，幾封信裡裝著人物速寫，畫上他穿著掛滿勳章的德軍制服。

內布拉斯加州的報刊也中傷這位本州的年輕參議員。該州奧馬哈市《世界先驅報》（*World Herald*）曾在第一版上列出「在內戰以來最嚴重危機中阻撓行動的十二個參議員」的名字，質問道：「參議員諾里斯是不是認為，或者有他那樣理念的人是不是認為，美國政府會乖乖地屈從這些暴行？」

林肯市《星報》（*Star*）說：「諾里斯擔心威爾遜統治時代可能完全建立君主政體，這種擔心是很荒謬的。如果他不是在開玩笑，那麼諾里斯先生的朋友應該關心一下他的腦子有沒有問題。」奧馬哈市《蜜蜂報》（*Bee*）認為，諾里斯對總統權力的擔憂「反映了這位參議員的常識有點離譜」。

在華盛頓，有人認為，用華盛頓一位記者的話來說，這位來自內布拉斯加州的新參議員的良知，已導致他「政治生命的死亡」。憤怒的內布拉斯加州議會群情激昂地通過了一項表示該州信任威爾遜總統及其政策的決議。

諾里斯覺得「本州人民譴責我……斷言我歪曲了本州人民的意志」。民眾幾乎態度一致，這使諾里斯愁眉不展。後來他寫道，儘管在民眾中取得聲望不是他追求的標準，但是在他整個政治生涯中，他一直致力於「去做他認為對廣大民眾有益的事情」，因此，「如果內布拉斯加州人民不要我了，我就不願再代表他們」。他做出了引人注目的決定——主動要求辭去參議院的職務，服從票決是否罷免他，「讓選民決定我在華盛頓究竟代表了他們的意志，還是歪曲了他們的意志」。在寫給州長及共和黨人占多數的州議會的一封信中，他敦促舉行一次公民特別投票，同意服從票決結果，放棄選民給他的免受罷黜的任何權利。

諾里斯與他在參議院那些驚訝萬分的朋友都同樣擔憂，財大氣粗但歇斯底里的反對派也許真能使他一敗塗地，反過來他的失敗意味著政府將獲得參戰的授權；不管怎樣，他在致州長的信中堅持認為，他「不想代表內布拉斯加州民眾，如果我的公職行為與他們的意願相背的話」——

我受到的譴責……向我表明，自己所走的道路極可能不會讓選民們滿意，因此把是否需要罷免我這件事交給他們去決定看來是唯一公平的辦法。

然而，即使在選民的一致要求下，我也不會違背就職誓言，投票贊成一項國會可能失去其宣戰的獨特權利的提案……如果我不投贊成票，就是與內布拉斯加州民眾的意願背道而馳，那麼我應被罷免，另選別人取而代之……但是我堅定不移地認為自己的路沒有走錯，所以我相信，如果我國明智的愛國公民有機會聽到雙方對這個問題的看法，基督徒國度裡的所有財富以及能夠斂財的所有政治機器不可能戰勝政府遵循的並由我們先輩為之奮鬥過的原則……如果我錯了，我不僅不得不退休，而且我願意退休。如果要我盲目聽從報刊集團的頤使氣指……或者充當「橡皮圖章」

履行審批手續——即使是為了美國總統，我也絕不想擔任這樣的公職。

諾里斯在林肯市宣佈要舉行一次公開會議來闡明他的立場後，朝家鄉一路趕來，可是報刊對他基本上視而不見，聽而不聞。諾里斯試圖請共和黨全國委員會其中一個委員擔任這次會議主席，可是有個值得尊敬的紳士提醒他，「舉行這種會議不可能不惹麻煩。我認為會議將失敗，至少你會遇到不友好的聽眾使你無法順利地發言」。還有一位朋友拜訪諾里斯，勸他推說生病，取消這次會議，並說他在民眾情緒如此激動的時候回到內布拉斯加州來，是一個很大的錯誤。其他人預測，聽眾席中三三兩兩地坐著一些政治上善於煽風點火的人，會使他無法闡明自己的論點，還告訴他，自從冗長演說進一步使選民的憤怒火上澆油以來，又有三艘美國商船被魚雷擊中。諾里斯在自傳中寫道：「我記不起一生中還有哪一天比那天更失望孤獨痛苦。我的朋友使我相信內布拉斯加州人民幾乎對我群起而攻之了。」

雖然諾里斯沒能找到一個朋友或支持者來當會議主席，他還是決心把會議開成。「我自己來掌控會議，」他在冷清清的旅館房間裡對一名隻身前來採訪的記者說，「這個會議由我來主持。我不要誰來主辦或資助我的活動，我沒有什麼可歉疚，也沒有什麼可後悔。」

在一個美麗的春天夜晚，諾里斯從旅館步行到城裡體育館，不安地看到三千多人已經擠滿了體育館，有的憂心忡忡，有的滿腹狐疑，有的充滿好奇，還有很多人站在走廊或街道上。他身穿一套寬鬆的黑西裝，繫著一條窄小的領帶，泰然自若地（但實際上有點哆嗦地）走上舞臺，孤零零地站在聽眾面前，一言不發地站了一會兒。「我原以為聽眾不友好，」他寫道，「所以我在來的路上是有點擔心的。當我走進體育館後面，再走上舞臺時，全場肅靜，沒有掌聲。我沒有期待過聽眾鼓掌，我倒為現在沒聽到喝倒彩聲而高興。」諾里斯以親切、文雅和認真的風度，開始說出一句平易近人的話：「我回到家鄉是想向大家說說真心話。」

立即從聽眾席的四面八方爆發出一陣掌聲。在我的一生中，從來沒有一次掌聲像今天這樣使我感到鼓舞……普通人開始由衷地相信，不實的宣傳報導後面隱藏著欺騙、歪曲、政治權力和影響。

當諾里斯怒斥抨擊他的人時，場內沒有發生暴力，也沒有起哄，卻有很多聽眾報以熱烈的歡呼。他的措辭毫不張揚，簡樸無華，但是堅定執著，憤而不露，打動了聽眾。他強調報紙沒有把真相告訴他們，並且儘管有人告誡他，在人們忘記他的拖延表決戰術之前不要舊事重提，他還是要求人們記住拖延表決戰術的好處。他用嘲諷的口吻回憶道，向他起哄過的紐約聽眾一半以上穿著晚禮服，他曾責問，他們當中有多少人願意去打仗，或送孩子上戰場!?

當然，如果能把百依百順的人送去當兵，聽眾中也許可以提供一大批兵力……我的同事講了兩個半小時支持《武裝商船法案》，人們說他是英雄。我講了一個半小時反對這個法案，人們稱我是叛徒。即使你說我不對，即使你堅信我應當站在總統這一邊，難道現在我們在參議院發表意見都不可以了嗎？派我們到參議院來辯論，一發表自己的意見，就得被財大氣粗的利益集團戴上叛徒的帽子嗎？除了罵我是叛徒外，其他指責我可以承受，就像我站起來喝苦藥，眉頭不會皺一下。在所有英語中，在世界上所有語言中，你找不出比叛徒兩字更毒的詛咒了。

一個多小時後，聽眾發出了贊同的呼喊。但是報紙不是這麼輕易地折服或願意不念舊惡。《世界先驅報》說，「他的詳盡巧妙解釋其實是胡說八道，荒謬透頂……一堆蠢話，惹人討厭」。《威斯康辛州報》說：「參議員諾里斯沒有把時間花在解決實際問題上，他不應把批評家弄得心神不寧。」

但是有人要求諾里斯在許多團體面前亮相，闡述他認為的真正問題。結果他在全州得到了高度讚揚。州長宣佈他不會要求州議會批准舉行特別罷免和改選會議。當諾里斯返回華盛頓時，更加擅於承受從未停止過的對他的謾罵了。

在後來十一年期間，諾里斯的名聲和政治身價有加無已。在一九二八年，儘管他與共和黨及其政府繼續存在意見分歧，他已是共和黨最傑出的黨員之一、州司法委員會主席以及將來可能得到提名的總統候選人。但是諾里斯本人在後來寫的報告中對此嗤之以鼻：

我根本不期望提名為總統候選人。走我這條政治道路的人都難以擔當這種職務……我十分明白，持我這樣觀點的人不可能被提名為總統候選人。

他斬釘截鐵地拒絕了要他擔任赫伯特・胡佛（Herbert Hoover）競選副手的建議，抨擊共和黨全國代表大會綱領以及挑選共和黨總統候選人的方法。在田納西河流域管理局成立之前的那些年，他是全國最直率的公共權力鼓吹者，他認為「壟斷著權力的托拉斯」主宰了胡佛的提名與共和黨綱領。

諾里斯不願加入他一直反對的民主黨，他認為民主黨綱領同樣有缺點，所以他周遊全國，支持任何黨派進步人士的競選。但是由於民主黨的總統候選人、紐約市的艾弗雷德・史密斯的競選言論與諾里斯的觀點開始取得一致，諾里斯面臨政治生涯中最困難的問題。

諾里斯是一個共和黨人、中西部人、清教徒、主張禁酒者。胡佛具備以上所有特點。但是史密斯則一樣都不是——他是紐約市民主黨政治團體坦慕尼協會[4]成員，

4. Tammany Hall，美國歷史上通過捐贈與贊助進行政治控制的紐約市民主黨執行委員會，一七八九年在紐約成立，由原先的慈善團體發展而成，因其在十九世紀使用賄賂、高壓等手段，劣跡斑斑，後來成為腐敗政治的同義詞。

一個贊成廢除禁酒令的天主教徒。無疑史密斯在內布拉斯加州得不到什麼支持，因為這個州也有共和黨、中西部、清教徒和天性淡泊的特色。在這種環境下，諾里斯會拋棄他的黨、他的州和他的選民嗎？

他會的。他始終認為，他「情願放棄黨員責任而承擔個人的責任。即使最最循規蹈矩的共和黨人，如果他不相信我所贊同的事情是正確的話，他應當按自己的良知來行動，投票反對我」。因此在一九二八年，諾里斯終於宣稱，那些進步人士——

> 除非跑到史密斯的陣營裡去，否則沒有他們的立錐之地……難道我們都是死忠分子，把本黨利益置於國家利益之上，拒絕追隨能夠幫助我們擺脫權力集團控制的唯一領袖嗎？……我認為，我們不能泯滅良知，支持某個已知他多年來一直反對我們奮鬥的事業的人物。

可是該怎麼看待史密斯的宗教信仰？怎麼看待他對禁酒問題的態度？

> 一個人在公眾生活中可以把宗教信仰和政治活動區分開來……我是一個清教徒，

一個主張禁酒的人，然而我也願支持一個溫和派和天主教徒，只要我認為他真誠執法並且正確處理經濟問題……我寧可信任一個本質上英勇、進步、誠實的溫和派，而不信任聲稱支持禁酒、實際上與國內私酒販子和非法釀酒者一樣不參與任何有效禁酒行動的政客。

諾里斯說出這些觀點是很有膽量的，可是憤怒的選民聽不進去。當他乘火車向奧馬哈市進發，打算通過全國電臺聯播發表支持史密斯的演說時，一些故知舊交和共和政黨領袖登上火車，以黨和政治事業的名義向他發出呼籲。諾里斯以前的一個重要支持者、強大的內布拉斯加州反酗酒聯盟的領袖說他把權力問題同禁酒扯到一起是胡言亂語。「這次宣傳運動涉及的問題是禁酒，諾里斯知道這一點。如果他發表支持史密斯的演說，聯盟與他的關係就一刀兩斷了。」（鑒於這些言論，有人問諾里斯會不會在一九三〇年爭取連任參議員，他乾巴巴地回答：「這種情況也許會把我逼到競選的境地。」）奧馬哈最大的浸禮會教堂牧師寫信給諾里斯，說他「根本不能代表我們，我們已為你對政府的態度汗顏得無地自容」。但是諾里斯在回信中鎮靜地問牧師，是否已「努力擦亮自己的眼睛，以便可以看得更清楚些，幫助你的弟兄拭去眼中的灰塵」。

保守的共和黨領袖先前至少私下裡強調諾里斯「不能算是共和黨人」，現在他們已經公開進行這種指責。他許多最忠實的朋友現在對他拒絕支持共和黨的行為也表示失望。內布拉斯加州一個鷹派小商人說過：「我支持諾里斯二十年了，但是今後再不會支持他。他在政治上乖戾，好抱怨，從羅斯福執政以來，與每一屆共和黨人政府都對立。參議員諾里斯應當更加地尊重他的支持者，而不應期待他們與反禁酒的民主黨人共命運。」諾里斯的第一任國會秘書對記者說，他「堅決反對諾里斯不適當地支持坦曼尼協會的總統候選人」。

在共和黨全國代表大會上支持諾里斯當總統候選人的一位代表對記者說，諾里斯「不聽我的政治勸諫。我對他採取的立場十分難過。諾里斯應當尋找新的朋友，如果他情願到紐約人行道上去找，那是他的權利。但不幸的是，他利用共和黨作為進入官場的管道，然後拒不支持該黨的領袖」。

沃爾特希爾《時報》（*Times*）編輯寫道：「說來很遺憾，我已和諾里斯絕交。他與以前進步的朋友日益疏遠，在政治上大輸特輸了。」林肯市一位靠攏諾里斯陣營的法官說：「政治判斷力低下的饑餓農民或渴望喝酒的人可以為自己的行為找到藉口。但是像諾里斯這種有能力有經驗的政治家，沒有什麼藉口可以為他的行為開脫。」

但是諾里斯設法幫助挨餓的農民，即使這樣做等於同時幫助了渴望喝酒的人。呼籲或者抨擊都沒能使他改變初衷，他在奧馬哈市有力地闡述了支持史密斯的理由。他說，雖然共和黨全國代表大會使用的策略「使得坦慕尼協會看上去像穿白色長袍的聖徒一樣高尚」，但是那位紐約州州長已經擺脫了坦慕尼協會的頤指氣使。他對聽眾說，由於支持反對黨的總統候選人，他「已與一批聖人賢士為伍」，因為十年前胡佛同樣這麼做過。不過諾里斯的大部分演說仍是抨擊權力壟斷集團「像一條長著黏糊糊的觸角的章魚，伸向家家戶戶勒索」。他還批評胡佛不肯討論這些問題：「在應當提出抗議時，你卻默不作聲，這種過失使得別人做事也變得畏首畏尾。」最後，在結束演說時，他公開對宗教信仰問題作出回應：

抛棄不符合美國利益的信條，並且批評不能容忍異議的人，這是我們愛國者的責任。所有不同信仰的人要在政治事業中團結起來，為人民創造最大的幸福一起前進。

但是在一九二八年，內布拉斯加州人民不願傾聽寬容的主張或討論有關的問題。大量電報像雪片一樣飛來，批評諾里斯支持一個天主教徒和反禁酒者。他後來回憶道：「我在奧馬哈市宣佈支持史密斯後掀起的風暴比我以前見到過的都猛烈。好在我對惡言相加已經習以為常了。」有些報紙甚至引用諾里斯妻子的話，說她既不投史密斯的票，也不投胡佛的票：「在這種事情上，我不跟喬治走……我一直是主張禁酒的，我不打算投史密斯的票，即使喬治會那樣做。」儘管一份影響力同樣很大的報紙——奧馬哈市的《世界先驅報》曾抨擊過他反對威爾遜總統的原則性立場，現在又讚賞諾里斯「傑出的勇氣和貢獻」，但內布拉斯加州其他報刊仍譴責他為了坦慕尼協會而拋棄自己的州，指望為自己四年後競選總統時重鑄輝煌。他的演說破壞了他開明的共和黨同事連任的機會，參議院裡那些背叛共和黨的同事們又表示不贊同他的方針。當參議員回到故鄉時，發現自己的朋友和其他非同凡響的公民已經對他形同陌路，彷彿他們很願意「取出我的心示眾，以儆效尤」。

胡佛實際上不僅在內布拉斯加州每個郡和每個社區，而且在全國都以壓倒多數的選票獲勝，這使諾里斯苦惱不已。他宣稱胡佛是靠宗教和禁酒等並非實在的問題獲勝的，真正的問題是權力和農業救濟。他說，特殊利益集團和政黨核心機構裡的政客「把禁酒之類問題擺到優先，儘管他們明知那是並不實在、有害無益和不公平的問題」。

諾里斯通過冗長演說拖延《武裝商船法案》表決的努力最終失敗了，因為他沒有達到阻止總統行動的直接目的，也沒有實現不讓美國參戰的圖謀（幾個月後美國就被拖入戰爭）。他支持史密斯競選總統的活動也失敗了，而且敗得很慘。然而正如他之後對一位朋友所傾訴的那樣：

一個人努力做事，結果失敗了，這種情況是常常發生的。失敗者不免氣餒，可是數年後他也許會發現，正因為他做出了那種努力，別人汲取他的經驗教訓後接下去做，結果取得了成功。其實我認為，透過我的失敗，而不是我的實際成就，對文明的進步起了作用。

諾里斯的公職任期很長，在美國政治生活中幾乎延續了五十多年，期間既有成功，也有失敗。一九三二年九月民主黨總統候選人對這位內布拉斯加州共和黨參議員去世的悼詞體現了他的性格及其事業的本質——

歷史將問：

「這個人為人正直嗎？

這個人大公無私嗎？

這個人英勇無畏嗎？

這個人始終如一嗎？」

今天美國幾乎沒有一位政治家能像諾里斯一樣符合這四個問題的肯定回答，並且完全名副其實。

Chapter

# 09

# 羅伯特・塔夫特

ROBERT A. TAFT

1889-1953

“

自由主義突出地意味著思想的自由，思想不受正統教條束縛的自由以及人人可以獨立思考的權利。它還意味著思想方法的自由，對新思想的開放和願意給予充分的考慮……

Liberalism implies particularly freedom of thought, freedom from orthodox dogma, the right of others to think differently from one's self. It implies a free mind, open to new ideas and willing to give attentive consideration…

”

……人有獨立思考的自由……

"...liberty of the individual to think his own thoughts..."

已故的俄亥俄州參議員羅伯特．塔夫特一生從未當上總統。這是他個人的悲劇，但也反映出他震古鑠今之處。

當選總統是鮑勃．塔夫特[1]在參議院從政時追求的一個目標，是這位前總統之子[2]一直夢想實現的抱負。作為十多年來共和黨理念的最重要宣導者，這位「共和黨先生」[3]在三次幾乎可以獲得總統候選人提名的不同場合都以失敗告終，這使他極度沮喪。

但是塔夫特也是堅定遵循自己信奉的基本原則的人——當人們對那些基本原則發生意見分歧時，他會直言不諱地表明自己的看法，即便有入主白宮的誘惑，或者有損害他候選人資格的可能，都擋不住他了無懼色地反對任何人與基本原則背道而馳。他是一個能幹的政治家，但他不止一次為捍衛其他具有同樣雄心的政治家不會認可的立場而敢做敢當，仗義執言。此外，他是一位傑出的政治分析家。他知道在一生中同意他基本政治觀點的美國選民肯定永遠是少數，只有取悅一大批新的支持者，同時謹慎避免疏遠那些有可能投他票的選民群體，他才有希望實現自己的目標。然而他經常把個人的行為約束拋到九霄雲外，絕不向任何團體折腰，絕不在分歧問題上保持緘默。

塔夫特在參議院的活動並沒有像約翰·昆西·亞當斯那樣不斷要在維護聲望和恪守原則之間進行權衡，也不必像湯瑪斯·哈特·本頓那樣為保持正直而爭鬥。他恪守的原則使他斷定大多數他的選民和政治合作者願意支持他。儘管有時候他的政治行動反映了他的政治雄心，但是在大多數根本問題上，爭取選民的好感不是他努力的方向。《塔夫特—哈特雷勞資關係法案》（The Taft-Hartley Labor Management Relations Act）[4]使他不可能在工業化的俄亥俄州獲得許多選票，因為公開贊同限制

1. 鮑勃（Bob）是羅伯特（Robert）的暱稱。
2. 鮑勃是美國第二十七任總統威廉·霍華德·塔夫特（William Howard Taft，一八五七～一九三〇年）之子。
3. Mr. Repubican，塔夫特在一九五三年任參議院共和黨領袖，因積極推行共和黨政策，故有「共和黨先生」綽號。

工會活動的人原本已是塔夫特的支持者。但是在一九五〇年參議院改選期間，該法案使俄亥俄州工會怒不可遏，於是發動反塔夫特的報復行為。人們覺得塔夫特不會在總統競選中獲勝，從而影響他在一九五二年獲得提名的機會。與此同時，他支持教育、住房、保健等方面的福利措施，使得擁護《塔夫特—哈特雷勞資關係法案》的人很生氣，危及他在共和黨內的領導地位。

有些人驚詫於塔夫特明顯偏離其傳統的立場，但不理解塔夫特的保守主義中包含了強烈的實用主義，這種實用主義使他支持聯邦政府在教育等領域積極開展他認為私人企業沒有充分發揮作用的活動。塔夫特認為這與保守主義觀點沒有矛盾，在他看來，保守主義不是不承擔責任。因此他給保守主義添加了新內容：當保守主義的威信和權力僅僅侷限在極小範圍內，只為了盡到責任和受人尊重，他會堅持實用主義觀點。他是一個別具一格的領袖：他缺乏能言善辯、巧言令色的本領，不會盲目忠於黨派路線（除非他能指揮和控制），也沒有政治家那種迴避爭議觀點和爭論的本能。

然而他不只是政治領袖，不只是「共和黨先生」，他還是一位塔夫特家族的成員，一位「誠實正直先生」。其祖父阿方索・塔夫特（Alphonso Taft）於一八三〇年遷居西部去當律師時，寫信給父親：「你在紐約看到很多人極端自私和不誠實，這讓我覺得在那裡很難住下去。」鮑勃・塔夫特的父親是威廉・霍華德・塔夫特（William Howard Taft）。當他站在內政部長巴林傑（Ballinger）一邊，對抗平肖（Pinchot）、羅斯福及其黨內進步分子的強烈反對時，他十分清楚政治勇氣和政治譴責的意義。

所以正如塔夫特的傳記作家寫的，他「生在一個剛正不阿的家庭裡」。他在參議院聞名遐邇，就因為他從不違反協議，從不在自己深為器之的共和黨原則上妥協，也從不玩弄政治欺騙手段。他在政治上的死對頭哈利・杜魯門（Harry Truman）在塔夫特去世時說：「我和他在公共政策上意見不一致，但是他知道我究竟在想什麼，我也知道他到底怎麼想。我們需要像參議員塔夫特這樣思想誠實的人。」塔夫特真誠待人的例子不勝枚舉，令人驚歎。這位來自俄亥俄州的參議員有一次對共和黨佔優勢的農業核心地區的一個團體說，農產品價格太高了；還對另一個農業團體

4. 根據該法，罷工一旦危及國家安全，政府有權透過聯邦法院禁止罷工八十天。

說，「討厭看到所有這些人都乘坐凱迪拉克汽車」。他對聯邦政府內容廣泛的住房計畫的支持使一位同事這麼說他，「我聽說社會黨人已經對塔夫特產生了影響」。那位同事告訴一位手上有著塔夫特簽名的推薦信的重要政治夥伴，說塔夫特的助手未經他的審閱、更不用說經塔夫特簽名，「就散發了十多份這種信件」。有位同事回憶道，塔夫特沒有用平和、迂迴的方法拒不接受他朋友的想法，而是冷靜果斷地稱這些想法為「廢話」。誠如威廉·懷特（William S. White）寫道：「他直言不諱，推襟送抱，這在並非完全做得到坦誠相見的參議院，尤其令人振奮。」

然而如果由此得出結論，認為塔夫特處理人際關係是冷漠魯莽的，那就錯了。從我自己與他一起在參議院短暫共事以及在他生命最後幾個月裡一起在參議院勞工委員會工作的情況來說，他那令人驚歎的非凡魅力和坦率淳樸的態度，給我很深的印象。正是因為這種素質，加上他一生中，特別是最後在世的日子裡表現出來的凜然勇氣，使追隨者能堅定不移地與他團結在一起。

也許從時間上說，我們現在離塔夫特政治生涯中所發生有爭議的事還太近，所以無法從歷史的角度加以考量。對一個既強烈地觸怒了宿敵也極大鼓舞了忠實信徒的人，最好在許多年之後再加以評價。足夠的時間可使政治和立法的對抗塵埃落定，以便更清晰地評估我們的時代。

自從一九四六年以來，很多年已經過去了，足以讓我們在某種程度上不帶偏見地看待當年塔夫特的勇敢行為。與丹尼爾・韋伯斯特或艾德蒙・羅斯的行為不同的是，他的行為沒有改變歷史。與約翰・昆西・亞當斯或湯瑪斯・本頓不同的是，他的行為迫使他從參議院退休。與以前闡述過的大多數英勇行為不同的是，他的英勇行為甚至不是發生在參議院內。但是在一個不看重坦誠的時期顯示出一份淳樸的真誠，在一個不寬容和敵對的時期大膽發出公正的呼籲，他的這種行為是值得我們回憶的。

一九四六年十月，俄亥俄州參議員塔夫特是共和黨在華盛頓的主要發言人、共和黨在國家政治舞臺上的領袖、共和黨內最有可能被提名為一九四八年總統競選候選人的人。在這樣的時刻，一個伶牙俐齒、已經聲譽卓著的參議員會管住自己的嘴，特別是像塔夫特這樣攬上那麼多重大事情的參議員，更當如此。他投入一生精力的共和黨，他所代言的國會中那些共和黨人，現在又一次接近秋季選舉的勝利邊緣。如能讓共和黨抓住對國會兩院的控制，就可增進塔夫特的威望，加強他獲得共和黨總統候選人提名的權利，並為他勝利回歸白宮鋪平道路，他的父親在一九一二年不光彩地被趕出了白宮。對當時大多數政治觀察家來說，他們認為共和黨領袖絕不會說什麼引起麻煩的話。由於國會正值休會，而且形勢明顯不利於在職的民主黨人，塔夫特似乎毫無必要比一般競選運動對一般問題說更多的話。

但是參議員塔夫特覺得心煩意亂——當他心煩意亂時，他的習慣是說出來。他煩的是軸心國領袖受到戰爭罪行審判，當時審判在德國快要結束，在日本行將開始。紐倫堡審判（The Nuremberg Trials）的根據鐵證如山，指控十一個惡名昭著的納粹分子「發動侵略戰爭」，裁決有罪；這次審判在全世界，特別在美國是眾所周知的。特別法庭已經宣佈死刑判決的消息也已不脛而走。

但是這屬於什麼類型的審判？最高法院法官威廉・道格拉斯（William O. Douglas）最近寫道：「不管寫了多少書或提交了多少案情摘要，不管律師對案件作了多麼仔細的分析，納粹分子被判的罪與我們的法律標準所明確可定的罪是不一致的，而由國際社會作出死刑判決也不合法。按我們的標準，若依照具有追溯效力的法律去判就可定罪。戈林（Goering）等人應當受到嚴厲的懲罰，但他們的罪行不能證明我們以行使權力代替遵循原則是正確的。」

我相信，今天相當多美國公民會同意這些結論。在一九四六年至少私下裡有不少人表示贊同。但是沒有一個重要的政治家把這個意見說出來，在判決已經宣佈，執行死刑的準備工作已經展開之後當然沒有一個肯說，唯獨參議員塔夫特例外。

美國憲法是指引塔夫特決策的絕對真理。憲法是他的行為根源、制敵武器和解決難題的途徑。當憲法不統制「具有追溯效力的法律」時，鮑勃．塔夫特把憲法準則看作是永遠明智和普遍適用的。美國憲法不是許多任意訂出的、可以廣泛解釋的政治承諾的拼湊，也不是一連串出於權宜之計而輕鬆作出的令人滿意的老生常談。它是美國法律體系和公正的基礎。塔夫特對本國為了懲罰戰敗者而拋棄憲法準則的做法甚為反感。

不管怎麼說，為什麼他要說話呢？紐倫堡審判問題無論什麼時候都不在國會討論的範圍內，也絕不是競選運動中的爭論點。共和黨或民主黨對全國熱烈稱讚的事情沒有觀點分歧。美國任何參議員的演說，不管多麼鏗鏘有力，都不可能阻止納粹戰犯死刑的執行。毫無必要地公開站出來反對，只會在政治上付出巨大代價，而且顯然會徒勞無益。

但是鮑勃．塔夫特開了口。

一九四六年十月六日，參議員塔夫特出席俄亥俄州凱尼恩學院主辦的關於英美傳統的研討會。戰犯審判不是會議期望評論的問題。但是塔夫特以「法律面前人人平等」為題發表演說，拋開了原先不願標新立異的想法。他對聚精會神但不免驚訝的聽眾說：「戰勝者對戰敗者的審判不可能是公正的，不管如何用公正的形式加以避免。」

我的疑問是，對那些人施以絞刑（不管他們是多麼卑鄙無恥，但是他們是德國人民的領袖），能否挫敗今後其他人發動侵略戰爭的企圖，因為要不是以為自己穩操勝券，他就不會發動侵略戰爭。戰勝者的全盤考慮充滿了復仇情緒，一旦復仇心切，就難以公平地處理問題。絞死十一個已定罪的戰犯將成為美國歷史記載中的一個污點，我們將會為此遺憾不已。

在這種審判中，我們接受了俄國人對審判目的的看法——審判是出於政府政策的需要，而不是正義，這與英美法律傳統完全不可同日而語。由於政策披上了法律程序的外衣，我們可能使歐洲關於公平正義的全部觀點在未來的歲月裡喪失信譽。歸根結底，在一場可怕的戰爭終結時，如果連敵人都認為我們已按盎格魯—撒克遜的法律理念在提供救濟以及最後處理領土問題等方面公正地對待了他們，那我們可以更滿懷希望地看待未來。

十天後，納粹領導人即將被施以絞刑，但是鮑勃．塔夫特堅持以客觀、實事求是和急促的口氣，公開反對這樣的判決，提出強迫流放的判決（類似對拿破崙的懲罰）也許更明智。他說，審判本身可能更應受到反對，因為它「違背了美國法律的基本原則——不能按具有追溯效力的法律來審判人」。塔夫特堅持認為，參與紐倫堡審判是美國憲法史上的一個污點，嚴重偏離盎格魯－撒克遜人公正平等待人、因而使美國受到全世界尊敬的傳統。他得出結論：「我們甚至無法再用自由公平的正確原則教育本國人民。我們不能教育他們以遏制自由和正義來治理德國。我認為，英語系國家肩負一個重大的責任，那就是使人們恢復對法律面前人人平等的堅定信念。」

他的演說在如火如荼地展開的競選運動中掀起巨浪。在全國，共和黨候選人急忙避開鋒芒，而民主黨人趁機擴充地盤。許許多多人對塔夫特的話火冒三丈。在第二次世界大戰中為了擊退德國侵略者而戰鬥過的人，或者有家屬在戰鬥中陣亡的人，對於一個從未參加過二戰的政客的巧言令色都嗤之以鼻，而親人或前同胞是曾受到希特勒及其門徒恐怖迫害的猶太人、波蘭人、捷克人和其他民族的人則感到驚詫。布亨瓦德（Buchenwald）毒氣室和納粹其他集中營仍歷歷在目，紐倫堡審判提供了駭人聽聞的納粹暴行新實例，每一份新的戰鬥陣亡者名單都使成千上萬個美國家庭悲傷欲絕，所有這一切產生了不可估量的影響：當美國一位參議員反對審判和懲處那些「可鄙的戰犯」時，人們做出了痛苦和氣憤的反應。

在總統競選中地位永遠最重要、政治上對各個民族和種族的意見特別敏感的紐約州，民主黨人興高采烈，共和黨人則惱怒和沮喪。一九四四年的共和黨總統候選人、與塔夫特爭奪共和黨控制權的厲害對手及一九四八年共和黨提名的總統候選人——紐約州州長湯瑪斯·杜威（Thomas E. Dewey）指出紐倫堡判決是公正合理的，而且他在與紐約州共和黨參議員候選人歐文·艾夫斯（Irving Ives）聯合發表的一份聲明中，還說「被告在紐倫堡接受了公正和長時間的審訊；誰都不會去同情這些給全世界造成巨大痛苦的納粹領導人」。民主黨紐約州競選運動經理責問塔夫特敢不敢「到我們州裡來，再說一遍赦免納粹戰犯生命的請求」。

民主黨完全有權詢問公眾是否需要像參議員塔夫特青睞的那種全國政府或州政府，塔夫特已表明他要求保留已定罪的納粹戰犯的生命，還準備讓共和黨開展宣傳運動，以免除納粹殺人犯的死刑。

紐約州共和黨眾議員候選人雅各．賈維茨（Jacob K. Javits）發了一份電報給塔夫特，稱他的談話「傷害了所有為將來的和平事業而戰鬥過的人」。紐約州民主黨提名的參議員候選人也表達了他對塔夫特那番話的極大震驚，並且確信「思維正常和心地公正的美國人一定會加以駁斥」。民主黨提名的紐約州州長候選人對聽眾說，如果參議員塔夫特親眼見過納粹集中營裡的受害者，他絕不會說出那番話。即使在首都，在塔夫特備受尊敬，而且人們大致能理解他的心直口快和坦率的地方，大家的反應與其他地方毫無二致。「老大黨」[5]領袖普遍不肯發表正式評論，但是私下裡擔憂他們的國會議員候選人的選舉結果。在新聞發佈會上，共和黨國會

5. G.O.P，Grand Old Party的縮寫，美國共和黨的別稱。

競選運動委員會主席不肯就塔夫特一事發表評論，說雖然他對紐倫堡審判「有自己的觀點」，但他「不希望與參議員塔夫特發生爭論」。

然而民主黨人都欣喜雀躍，儘管他們的高興隱藏在怒不可遏的外表後面。杜魯門總統在每週一次的新聞發佈會上微笑著說，如果能讓參議員塔夫特和州長杜威爭論個水落石出，他會很高興的。民主黨在參議院的多數黨領袖（後來的副總統）、肯塔基州的艾爾本·巴克利（Alben Barkley）在競選運動中對聽眾說，塔夫特從未「體驗過一九三二年為窮人免費供應食品時的心潮澎湃，但他的心竟然為紐倫堡罪犯被判處死刑而痛苦地流血」。伊利諾州民主黨參議員史考特·盧卡斯（Scott Lucas）說的話是民主黨人典型的反應，他稱塔夫特的發言是「思想混亂糊塗的經典例子」，並預言這個發言「將使他自食其果，他爭取一九四八年總統候選人提名的願望將化為泡影」——

> 一千一百萬名在第二次世界大戰中打過仗的士兵會回答塔夫特先生……我懷疑，既然塔夫特稱紐倫堡審判是美國歷史上的一個污點，共和黨全國競選運動委員會主席是否還會允許這位參議員再發表演講……無論美國人民還是歷史都不會允許……

不管參議員塔夫特信不信，他是在為要對謀殺千萬人承擔責任的罪犯辯護。

即使在塔夫特家鄉俄亥俄州的轄區內，他不折不扣地執行憲法的主張曾贏得大家的讚不絕口，可是參議員這種言論卻引起了憤怒和困惑，在政治上產生消極的影響。共和黨的參議員候選人、前州長約翰．布里克（John Bricker）不僅是塔夫特的親密盟友，而且是一九四四年提名的副總統候選人、杜威州長的競選搭檔。他的民主黨對手、現任參議員詹姆士．霍夫曼（James Huffman）質疑布里克與塔夫特或杜威站在一起，聲稱：

由於這些已判罪的匪徒的暴行，一個遭受了現代戰爭之苦、犧牲了三十多萬優秀人士、耗費了三千億美元資源的國家，絕不會覺得對戰犯的判刑過於嚴厲……現在不是減輕對國際罪犯懲罰的時候。塔夫特的批評，即使是正當合理的，本該在國際特別法庭建立時就提出。

托萊多市的《刀鋒報》（*Blade*）對讀者說，「在這個問題上，如同在許多其他問題上一樣，參議員塔夫特表明他有一個了不起的頭腦，他幾乎什麼都知道，但實際上什麼都沒理解……」

克里夫蘭市的《誠懇家日報》（*Plain Dealer*）發表社論說，塔夫特「也許從訴訟程序上說是說得對的」，但是「放任歷史上最殘暴的匪徒肆虐世界……就是不讓世界執行人類不惜一切確立起來的偉大原則，即策劃並發動侵略戰爭絕對是一種反人類的罪行」。

批評者的窮追不捨使參議員塔夫特很沮喪。當獲准無罪釋放的納粹領導人帕彭（Franz von Papen）從監獄裡出來，對採訪者說自己贊同塔夫特的演講時，塔夫特心裡特別不舒服。塔夫特的發言人只發表了一份簡短的聲明：「他說了對（紐倫堡審判）這件事的看法，如果別人要批評他，那就讓他們去吧。」但是塔夫特不明白，為什麼連他原先的支持者、報紙專欄作家大衛．勞倫斯（David Lawrence）也說他的觀點無非在「訴訟程序上斤斤計較」。當美國律師協會主席及該協會執行委員會主席，還有法律界其他領導人等一批備受尊敬的憲法問題權威都譴責他的演講，並為紐倫堡審判辯護，說它符合國際法時，塔夫特特別感到黯然神傷。

塔夫特說過，他不是要「為納粹謀殺犯辯護」（像一位勞工領袖指責的那樣），也不是為孤立主義辯護（這是大多數觀察家的看法），他是在捍衛他認為是傳統的美國法律和公正的觀念。作為嚴格遵守憲法的鼓吹者，作為保守的生活方式和政府的辯護律師，塔夫特面對他的立場可能危及共和黨業已不穩定的狀況或者他自己競選總統的前景時，仍然不屈不撓。對他來說，公平正義是攸關重要的，其餘所有的擔憂都微不足道。當時有一位專欄作家說：「這一點顯然說明參議員塔夫特鍥而不捨，正大剛直和具有政治主見。」

成千上萬人與他的意見不一致，這種情況在政治上使其他共和黨人十分為難，而塔夫特也許根本不在乎。多年來他已習慣於作出自己的決定，不管這決定會不會傷害自己或別人。塔夫特肯定知道他的話會被歪曲和誤解，而且他選擇的演講時機會使他在競選運動中引火焚身。但是他的性格特點是不管什麼情況都要勇往直前。

他的演講掀起的風暴最後平息下來。這場軒然大波，儘管甚囂塵上，看來並沒有影響共和黨在一九四六年競選中大勝，也沒有——至少在公開場合——成為塔夫特爭取一九四八年總統候選人提名活動中的難題。納粹領導人最終被處以絞刑，塔夫特和美國繼續做著自己的其他事情。今天我們並不關心塔夫特對紐倫堡審判的指責是對還是錯，值得關注的是，塔夫特的演講說明他為了自認為是正確的事業會果斷勇敢地去抵抗輿論的抨擊。他的行為符合一個被貼上反改革派標籤、以保守派自豪、並對自由主義和自由作出永恆定義之人的性格特徵：

自由主義突出地意味著思想的自由，思想不受正統教條束縛的自由以及人人可以獨立思考的權利。它還意味著思想方法的自由，對新思想的開放和願意給予充分的考慮……

當我說到自由這個詞時，我是指個人獨立思考的自由以及按自己意願思考和生活的自由。

這是參議員塔夫特生活的信念，以及他謀求按自己的風格和方式在美國創造其他人可以與他一樣思考和生活的環境。

Chapter 10

# 其他政治上當仁不讓的人

## Other Men of Political Courage

……這是對我受到別人蔑視……的一種安慰……

"...consolation... for the contempt of mankind."

現在還沒有一份在政治上具有當仁不讓勇氣的參議員名單，我也沒想過提出這樣一份名單。相反，我試圖敘述參議院中一些最精彩、最動人的表現政治勇氣的故事來說明勇敢是在任何參議員、任何政黨和時代都能找得到的一種素質。我們可以舉出更多例子闡明相近處境下的類似行為。

還有一些參議員，曾與約翰·昆西·亞當斯、湯瑪斯·哈特·本頓、艾德蒙·羅斯、山姆·休士頓和喬治·諾里斯一樣，把信仰放在個人事業之上，與自己的黨斷絕關係。共和黨參議員、來自印第安那州的艾伯特·貝弗里奇（Albert Beveridge）的朋友們央求他，在一九一〇年他爭取連任的競選活動活動中低調地批評共和黨力推的《佩恩—奧爾德里奇關稅法》（Payne-Aldrich Tariff Act），但是他不願保持沉默。他說：「一個黨只有透過發展才能生存下去。不能容忍不同的意見將導致黨的滅亡。」

僅僅為了獲得選票，子承父業地進行繁衍的組織算不上是政黨，而是中國的幫會；也算不上靠信念和良知凝聚在一起的公民團體，而是靠血緣和偏見結合起來的印第安部落。

當黨內有勢力人士的反對使他一敗塗地時，他十分失望和氣餒，但是選舉次日早上，他只講了一句話：「失敗沒關係，奮鬥了二十年，問心無愧，我滿足了。」

許多勇敢地與自己的黨中止關係的人不久在別的組織找到了新家。但是對於與自己的派系中止了關係的人來說，誠如參議員本頓和休士頓發覺的那樣，他們政治生涯的結束則更長久地令他們不愉快。在一九二四年民主黨全國代表大會前夕，阿拉巴馬州參議員奧斯卡．安德伍德（Oscar W. Underwood）——前總統候選人（一九一二年）、參眾兩院前民主黨國會領袖、以其名命名的關稅法制定者、一位極可能當上總統的人物——力勸他不要說得罪三K黨的話，因為三K黨的力量正在上升，特別是在南部政界中。但是參議員安德伍德認為三K黨與傑佛遜民主原則完全南轅北轍，應當毫不含糊地譴責三K黨，強調這是一個民主黨必須站穩立場的重大問題。他力爭把反對三K黨列入民主黨黨綱，雖然沒有成功。路易斯安那州代表和其他南部一些州的代表公開駁斥他，從這時候起，他當選總統的機會不存在了。他甚至不可能重新當選參議員，正如法蘭克・肯特（Frank Kent）所寫的那樣：

其唯一原因是他的政治演講是坦誠和正直的……阿拉巴馬州反對他，就因為他的信念率真而堅定，除非進行一場他不願進行的鬥爭，否則反對他的勢力顯然足以使他重新獲得提名的希望落空……要是參議員安德伍德在阿拉巴馬州遵照只說說而已但沒有實際行動的政治規則辦事，他們本來不會真的反對讓他繼續留在參議院，打破他生活的平衡。

在內戰之前的多事之秋，田納西州參議員安德魯・詹森（Andrew Johnson）在抵制黨派的壓力方面表現出很大的勇氣，他的勇氣也許甚至超過了韋伯斯特、本頓和休士頓，但這位有勇無謀的鬥士在一八六八年靠倒楣運的艾德蒙・羅斯唯一的一票支持才得以避免大丟臉面地被彈劾出白宮。由於合眾國在一八六〇年開始分裂，本頓和休士頓離開了參議院，南部參議員中只剩下安德魯・詹森一人在為合眾國講話。他要回到田納西州家鄉去為本州留在聯邦內而戰。當他乘坐的火車在維吉尼亞州林奇堡停下時，怒氣衝衝的暴徒把這位參議員從車廂裡拖出來，毆打他，辱罵他，把繩子套在他的脖子上，直到最後才決定不絞死他，因為他們一致認為，把他絞死是他在田納西州的鄰居的特權。田納西州各地都對詹森發出噓聲，喝倒彩，把他的芻像吊起來。南部邦聯領袖相信「詹森的影響力已蕩然無存，除了叛徒臭名外，一無是處」。安德魯・詹森不在意死亡的威脅，繼續在州內奔走，試圖阻擋脫離聯邦的潮流，最後他成為南部唯一拒絕讓本州脫離聯邦的參議員，但是他的所有努力都付諸東流。在返回華盛頓的途中，他在辛辛那提火車站受到熱情群眾的迎接，他自豪地對他們說：「我是南部的公民，是田納西州的公民……但我更是美國的公民。」

為了原則問題義無反顧地辭去職位的參議員不止約翰・昆西・亞當斯一個。參議員本頓曾要求從《參議院議事日誌》（*Senate Journal*）上刪除斥責傑克遜未經授權就反對美國銀行這個決議，但長期懸而未決，如今安德魯・傑克遜個人和政治的聲譽大增，增強了對本頓這個要求的支持，而維吉尼亞州參議員約翰・泰勒（Jonh

Tyler）認為《參議院議事日誌》因刪除決議而弄得殘缺不全，不僅不符合憲法，也不符合參議院身分，所以堅持反對刪除決議的立場。但維吉尼亞州議會受傑克遜的朋友及泰勒的敵人所左右，且覺得總統退職時不應這一記錄在案而成為永久污點，因此，指示其成員支持刪除決議的行動。

約翰．泰勒認知到，如果他離開參議院，傑克遜這派將在更多重要問題上獲得更大的力量，而他自己的政治生涯（已經獲得提名他為副總統候選人的承諾），至少暫時將停滯不前，但他義無反顧地憑良知做事，給州議會寫了封令人難忘的信：

如果維吉尼亞州人民正式認可的州議會通知我不再接受我的服務，我不會讓自己在參議院多留一分鐘……

但是我不敢擅動《參議院議事日誌》，憲法不允許。因此在黨派紛爭中，我支持神聖的立法機構。今天在位的人到了明天總要讓位給別人，現在人們崇拜的偶像將來也會倒臺。在政治上我唯一崇拜的東西是我國的憲法……

我將把在公共事務中踐行的原則一直帶到我的退休生活中，而且藉由交出維吉尼亞州人民召喚我來擔任的崇高職位，我要為兒女們樹立一個榜樣，教育他們把靠犧牲榮譽才能獲得的地位或官爵視若草芥。

在參議院第一批突出顯示政治勇氣的例子中，肯塔基州有趣而脾氣急躁的參議員馬歇爾（Humphrey Marshall）在一七九五年寧可結束自己的參議員生涯，也要支持總統批准廣遭抗議的、與英國簽訂的《傑伊條約》[1]。儘管甚至肯塔基州聯邦黨人也認為有必要在此問題上反對華盛頓總統，但是馬歇爾坦率地對選民說：

想到人們反對這個條約，我常常想大喝一聲：嗨！小集團的人們！無政府主義的朋友們！聯邦政府的敵人和固執的變態者！你們的全部爭論是多麼地吵吵鬧鬧，可是理由和判斷卻多麼地經不起推敲！

1. Jay Treaty，約翰．傑伊（John Jay，一七四五～一八二九年）是華盛頓總統執政時期美國最高法院第一任首席法官（一七八九～一七九五年）。一七九四年他以特使身分赴英談判防止重開戰端並簽訂《傑伊條約》，消除了與英國的宿怨，促進了貿易的繁榮，但遭到傑佛遜等共和黨人的強烈反對。

馬歇爾在州內奔走遊說以保住他的選票時，有人故意躲開他，有人向他扔石頭。一天深夜，有個暴徒把他從家裡拖出來，公開宣稱要把他扔到附近河中淹死。在河邊，參議員馬歇爾鎮定且詼諧地對這個狂怒的暴徒說：

我的朋友，這麼做不合常規。按照傳統浸禮會教堂的浸禮訓示，在進行浸禮之前，應要求申請人敘述他的經歷。現在，根據既定的規則和先例，我希望在你開始我的浸禮之前，讓我訴說經歷。

這幫無法無天的鎮民聽了既覺得好笑，又肅然起敬，就把參議員馬歇爾放到樹墩上，命令他解釋自己的立場，儘管他們相信馬歇爾支持《傑伊條約》就是犯了背叛罪，但幾乎沒有人明白《傑伊條約》到底是怎麼一回事。參議員馬歇爾用同樣幽默的風格開始他的解釋，越講越起勁，在解釋快結束時尖銳抨擊了他的所有敵人，包括正不好意思地站在他面前的敵人，後來他描述那些人是：

可憐無知的傢伙，都集合在河邊，只因為我發表了獨立的見解，就要把我按入河中，來實現他們非常高尚的動機。在這個愛國團體中，年邁的約翰・伯恩斯（John Byrnes）——常常喝得醉醺醺的屠夫——是最令人尊敬的一個。

肯塔基州這位新當選的參議員沒有被「淹入水中」，但是他的伶牙俐齒沒能阻止他被迫從參議院退職。

當然政治上的當仁不讓行為不只在參議院呈現——眾議員、總統、州長，甚至胸懷政治大志的公民都曾以同樣的膽量和熱情展示了他們的敢作敢為。從不同人中舉出一兩個例子就足以說明這種品質不是參議院或首都華盛頓所獨有的。南卡羅來納州的約翰・卡爾霍恩在當選參議員之前很多年，擔任眾議員時期，就表現出赴湯蹈火的勇氣。一八一六年，國會把議員的薪水從單日與會六美元提高到一年一千五百美元，這立即在全國和各黨派成員中掀起鋪天蓋地的非議浪潮。還敢爭取連任的議員鳳毛麟角。克萊靠竭力宣傳他的政績才勉強避免競選失敗。卡爾霍恩最忠實的支持者敦促年輕的他發表一份公開聲明，承諾投票廢除這項加薪法案，如果選民能夠原諒他，他就能當選連任。但是卡爾霍恩拒絕退讓。有一次他對朋友說：「在我下定決心之後，任何人的力量都不能使我改弦易轍。」事實上，他認為一千五百美元一年的薪水還是太少了。

卡爾霍恩由於得到了支援，再次回到國會（儘管他的大多數南卡羅來納州前同事都已失敗，未能連任），但他在眾議院其實是單槍匹馬，因為所有議員，不管新的還是老的，都爭先恐後地譴責加薪法案。唯有卡爾霍恩特立獨行，他說：

> 眾議院在這個問題上可以按照最恰當的判斷自行作決定。難道無論什麼情況我們都得按選民的好惡來辦事嗎？難道我國人民已經奪走了眾議院的審議權嗎？請各位先生具體說明人民集合起來認真討論這個問題的時間和地點。啊，不行！他們沒有接到任何書面或口頭的指示。法律不順選民的心，他們就要違背自己的良心和理智，想要廢除它。倘若果真如此，一旦政治錯誤占了上風，還怎麼得以糾正？

美國總統不會受到與參議員完全一樣的政治勇氣考驗。他的選民不只是某個群體或階層；在同一問題上，他在某個團體或群體中支持率的損失，可以被其他團體或群體中獲得的支持率增加所抵消。總統的權力和威望在政治上通常比參議員更有保障。但是有一個例子可以說明，即使總統也會感受到選民和特殊利益集團的壓力。

喬治・華盛頓（George Washinton）總統支持與英國簽訂《傑伊條約》，使年輕的美國避免一場它難以挺過去的戰爭，儘管他知道這樣做會在準備戰鬥的人民中引起極大的不滿。湯姆・佩恩（Tom Paine）說華盛頓總統「在朋友面前是個不可信任的人，在公眾面前是個偽君子……天下人不知如何斷定你是一個變節者，還是一個行騙者，你是放棄了正確的原則，還是根本沒有過什麼原則」。華盛頓聽了十分惱火地說：「我與其坐在總統寶座上，不如進到墳墓去。」他寫信給傑佛遜道：

有人指責我與美國為敵，屈從於外國勢力……我的政府的每一個行動都遭到歪曲，他們的話言過其實，不堪入耳，我們對黑人、對聲名狼藉的挪用公款者，甚至對普通的扒手都不大會說出那樣的髒話。

但華盛頓總統仍然堅定不移。

在我們這本講述參議院故事的書中，講述一位州長因英勇事蹟而妨礙了他實現進入參議院的故事，也是合適的。伊利諾州州長約翰・彼得・阿爾特吉爾德（John Peter Altgeld）在研究了大量書面證詞和法院檔案後，認為宣判三個被告（還沒有施以絞刑）在一八八六年芝加哥著名的乾草交易廣場爆炸案[2]中犯了謀殺罪，這種判決是不公平和證據不足的。民主黨領袖提醒他，如果他仍期望進入參議院，就不要把這些判決放在心上，阿爾特吉爾德回答說：「任何人都沒有權利為了實現個人抱負而妨礙實施完全正義的行動。」當民主黨州議會領袖問他擬訂一萬八千字的特赦文字是否是「恰當的措施」時，他大發雷霆地說：「當然恰當。」

由於州長的這一舉動，人們焚燒了他的芻像，並且不讓他參加遊行和典禮之類的傳統儀式。報紙上每天用「無政府主義者」、「社會主義者」、「謀殺犯的辯護者」和「目無法紀的煽動者」之類的污名攻擊他。一八九六年，當他爭取連任失敗後，他甚至得不到在繼任者就職典禮上發表告別演說的慣常權利。（新州長譏諷地哼了一聲說：「伊利諾州聽這位無政府主義者的發言已經聽得夠多了。」）阿爾特吉爾德回歸個人平常的生活，六年後默默無聞地去世。借用林賽著名詩歌的篇名，他變成了「一隻被人遺忘的雄鷹」：

被人遺忘的雄鷹……在岩石下面，平靜地睡著了……
在那裡時光陪著你，泥土與你相隨。
啊，睡吧睡吧，喚起過人間激情的勇士和智者，
活在人們心中比活在虛名之中更重要，
更重要的就是絕非徒有虛名，
而是活在人們心中，年年歲歲……

一九二〇年，查爾斯．休斯（Charles Evans Hughes）既不是眾議員，也不是州長，但他是全國最著名的律師，以前也當過州長、最高法院法官和總統候選人，當時人們正在積極考慮讓他進一步在政府承擔重任（不久他成為國務卿和最高法院

2. Haymarket Square bombing，一八八六年五月初，美國三十四萬工會會員舉行全國性罷工，支持爭取八小時工作制運動。五月三日在芝加哥麥考密克（McCormick）收割機工廠，糾察隊員遭員警射殺。四日晚，工會會員在乾草廣場集會，抗議射擊事件。員衝進來驅散人群，有人扔出一枚炸彈，炸死幾名員警。結果有八人被捕、審訊、定罪，七人被判死刑，一人徒刑。但始終未查明炸彈為何人所擲。

首席法官）。但是當五個社會黨人——合法政黨正常當選的成員——遭到人為的阻撓，進不了紐約州州議會就職時，休斯冒著損害自己地位和名聲的風險，抗議這種阻撓違背了公眾選擇自己代表的權利。他在紐約州律師協會經過一場經典的鬥爭後，成功地執掌了律師協會在州議會為社會黨人辯護的專門委員會，自任主席，儘管那些人的觀點他是反感的。

由於得不到辯護時親自出席的權利，休斯向辯護律師提供了一份案情摘要，強調「如果多數人可以排斥少數人的全部或部分意見，只因為前者認為後者的觀點十分有害，那麼自由政府就窮途末路了」。休斯的意見顯然對紐約州州議會沒有產生什麼影響，州議會最終還是驅逐了社會黨人，並且宣佈社會黨為非法組織。但是許多人認為，休斯雖然幾乎單槍匹馬，但是抗爭中從無懼色。他的重要言論以及州長史密斯（Alfred Smith）勇敢地否決州議會控制學校裡激進主義的議案，都成為喚醒全國民權意識的決定性因素。

在結束關於美國政界當仁不讓事蹟的敘述時，我們還要認真回憶在美國立國以前成為每個人學習榜樣的一個英勇行為：一七七〇年三月五日晚上，在波士頓的國家大街上，英國哨兵輕率地向一個滿口髒話、目無法紀的暴徒開火時，麻州的約翰·

亞當斯早已是一位抗議英國當局漠視殖民地拓居者怨氣的領袖人物。此外他還是一名社區事務律師和下一屆州議會選舉的候選人。因此，即使他沒有表現出像其他波士頓人在碰到「波士頓大屠殺」時那樣的震驚和義憤，保持沉默也會使他獲得政治上的好處。

但是這位王室的好鬥仇敵受邀為遭起訴的英國士兵當辯護律師。他毫不猶豫地答應了。後來他在自傳中寫道，這個案件是「我審理過的案件中最令人筋疲力盡的，我既要冒著損害自己好不容易樹立的聲譽的風險，又可能引起選民新的猜疑，加強他們尚未削弱的偏見」。但是他後來成為大膽無畏的總統以及一位獨立思考的參議員和總統的父親，不僅繼續擔任被告律師，而且使遭到謀殺罪指控的被告均獲無罪宣判。他向擠滿審判大廳的聽眾證實了現有的證據不能說明這次射擊是惡意和挑釁的：

> 不管我們的願望、意向或左右行動的情緒如何，它們都不能改變事實和證據。法律不會屈從於人們難以捉摸的願望、憑空想象和放肆任性……
>
> 陪審團的各位先生，我站在法庭羈押的候審者一邊，這裡只能用侯爵貝加利

亞[3]的話為這麼做賠不是：「如果我可以成為保全一個人生命的工具，而面對眾人的鄙視，這個人的祈禱和眼淚足以安慰我！」

3. Cesare Beccaria（一七三八～一七九四年），義大利犯罪學家和經濟學家，因提倡刑法改革和經濟分析而著名，代表作《論犯罪與刑罰》（*On Crimes and Punishments*，一七六四年）對歐美各國刑法改革的影響很大。

Chapter 11

# 勇敢的意義

## The Meaning of Courage

本書談論了勇敢和政治。政治是本書的場景，勇敢是本書的主題。勇敢是一種普世美德，我們大家了然於胸，但是本書關於勇敢的闡述仍沒有消除政治的神祕感。

前面各章故事人物的動機和成就沒有一個能夠簡單明瞭地說清楚。他們每個人的複雜性格、前後行為不一致以及思想的疑惑往往使我們百思不得其解。不管我們對他們生平的研究多麼詳盡，名人或多或少還是帶著神祕莫測的色彩。不管他當仁不讓產生了多麼明顯的效果，他的事業還是蒙上一層難以消除的神祕陰影。也許我們能信心十足地說出其所以然來，但是有些事總是難以解釋。我們以為答案就握在我們手中，可是不知怎麼卻會悄悄地從手指間漏失。

正如精神病學家說的那樣，動機總是難以評估的。在陰暗的政界探究動機特別難。為了國家利益而拋棄州和黨派利益的人，例如丹尼爾·韋伯斯特和山姆·休士頓，這些人要在政治上步步高升的抱負是明擺著的，動輒受到非議，因其他們只千方百計去滿足自己爭當總統的野心備受指責。那些為了爭取實現更崇高的原則而與政黨斷絕關係的人，像約翰·昆西·亞當斯和艾德蒙·羅斯常常面臨譴責，說他們站在某個黨派的旗幟下接受了官職，卻在危難時刻見風轉舵，拋棄了原黨派。

但是從前面幾章敘述過的幾件實例中，經過對文件記錄的長期研究，我完全相信這些人的行為基本上都是為了國家利益，而不是私人或政黨的利益，所以他們的事蹟得到傳頌。這麼說不意味著他們當中許多人並不謀求從自己採取的艱難方針中獲得好處，雖然能從中得到好處的人寥寥無幾。因為作為政客（把他們都稱之為「政客」，絕無貶義）他們要謀取一點私利顯然也是正當合理的。

當然，所有這些人假如完全忘掉自我，致力於實現崇高的原則，那麼本書所敘述的勇敢行為在傳統的英雄崇拜狂熱中就更加鼓舞人心，更加顯得光彩奪目。但是，約翰·亞當斯總統（他無疑是我們有史以來最明智、最無私的公僕），在其著作《捍衛美國憲法》（*Defense of the Constitution of the United States*）中寫到的，在很大程度上說出了真相：「事實上，誰都不會熱愛公眾勝於熱愛自己。」

假若果真如此，那麼是什麼原因使本書前幾章提到的政治家當仁不讓？原因不是他們「愛公眾勝過愛自己」，相反，確實是因為他們真的愛自己——因為保持自己的尊嚴比他在眾人當中的聲望更重要，因為贏得或保持剛正不阿、敢作敢為的名譽的願望比保住官職更強烈，因為他的良知、個人的道德標準、正直或道義，無論如何都比公眾反對他這種壓力強大，因為他認為自己的行動方針最佳，並且最終會證明是正確的這種信念壓倒了他對公眾會進行報復的擔憂。

儘管公眾利益受惠於個人犧牲是一種間接結果，但是並非這種模糊籠統的觀念，而是一種或數種自愛壓力的推動，才使他採取勇敢的行動方針，從而導致前面講過的口誅筆伐。當政客既不愛公眾利益，也不愛個人利益，或者對個人利益的愛有限，滿足於一官半職時，公眾利益便被忽視了。只有當政客十分自重時，他的自尊心才會要求他走上造福大眾的英勇無畏和問心無愧之路。到此時他對自己行動方針的正確性堅信不疑，如同約翰・卡爾霍恩說過的：

> 我從不知道南卡羅來納州想要怎麼做。我從未與這個州商量過。我根據自己的最佳判斷，並且按照我的良心行動。如果這個州同意我的行動，那最好。如果它不同意，想找人替代我，我樂於讓出職位，我們就此兩清。

這不是說勇敢的政治家以及他們挺身支援的原則始終是正確的。據說，約翰・昆西・亞當斯本應認識到，禁運可能毀掉新英格蘭，而且幾乎刺激不到英國人。批評丹尼爾・韋伯斯特的人這樣說，他對維護奴隸制的勢力的安撫徒勞無功；湯瑪斯・哈特・本頓頑固不化、自吹自擂和自私自利；山姆・休士頓花言巧語、變化無常和不能信賴；在有些人眼中，艾德蒙．羅斯投票支持的是個蔑視憲法及國會的人。盧修斯．拉馬爾未能懂得，有計劃地實施通貨膨脹這種有害的政策有時候比發生無法控制的蕭條這種不幸更可取。還有人說，諾里斯和塔夫特行為的動機主要出於盲目的孤立主義，而不是憲法原則。說過的話遠不止這一些。大家對這些人的奮鬥過程有什麼價值，都可自己作出判斷。

但是為了讚揚他們的勇氣，有必要對這個問題作出判斷嗎？這些人是否僅僅為了事後證明是正確的原則而拿自己的政治生涯來冒險，以便讓子孫後代欽佩他們的勇氣？我認為不是的，沒必要。當然在曾經兄弟鬩牆的美國，我們不是透過一個人在什麼旗幟下戰鬥來判斷他打仗是否勇敢。

我不認為所有冒著犧牲政治生涯的風險來直抒己見的人都是對的。事實上，韋伯斯特、本頓和休士頓顯然在《一八五〇年妥協案》上不可能都對，因為他們各人雖然追求維護聯邦統一的目標是一致的，但是對於這個綜合性的政策措施卻持有完全不同的看法。盧修斯．拉馬爾違背參議院的指示後不肯辭職，他所表現出來的勇氣與約翰．泰勒的風格完全不同，後者認為參議員有義務遵守參議院的指示，既然自己不遵守了，那就該辭職。另一方面，泰勒瞧不起亞當斯，亞當斯則討厭「丹尼爾·韋伯斯特的忌妒性、勃勃野心和腐敗透頂」。共和黨人諾里斯和塔夫特意見有分歧，民主黨人卡爾霍恩和本頓看法也不一致。

這些人不都是一面倒的。他們不是一切都對，並非全是保守派或全是自由派。他們有些人代表選民中沉默多數的真正觀點，對抗喋喋不休少數人的大聲疾呼。但是他們大多數不是這樣的代表。有些人實際上是在促進其本州的長遠利益，反對選民短視和狹隘的偏見，另外一些人恰恰相反。他們有些人在一生的事業中表現出率真、慷慨、和善與崇高，符合美國英雄最優秀的傳統作風，但是也有很多人並非如此。諾里斯是一個頑強不屈、奮鬥到底的人；亞當斯是一個自命不凡、令人惱火的傢伙；韋伯斯特從商賈那裡受益；本頓大放厥詞、橫行霸道——我們現實生活中的政治英雄就是這樣各有特色。

有些人在堅定地為亙古準則而獻身的過程中展現出勇氣，有些人則在接受妥協、宣導和解或願意以合作取代衝突的過程中顯示出勇氣。儘管各人能力不同，但他們的勇氣肯定同樣地堅毅。但如果每一個身居要職的人處理每一個問題都像做高階數學題一樣，很少顧及黨派的要求和人類的弱點，像約翰·昆西·亞當斯那般，美國的政府系統也無法運轉。

儘管這些勇者有差異，但是大多數具有不少共同點：具有令人驚歎的演講天賦、出色的學術造詣和超越黨派偏見的寬闊胸懷，尤其是對自己的正直誠實和正義的事業具有堅定的信念。

勇敢的意義，像政治動機一樣，常常被人誤解。有的人讚賞勇敢拚搏的激動精彩，卻沒有注意勇敢所產生的影響。有的人欽佩別人或別的時代見義勇為的美德，卻沒有理解這種勇氣對現代具有的潛在作用。也許，為了使關於政治勇氣的記敘更有意義，最好講一講本書未曾言及的面向。

本書不想為「為獨立而獨立」的行為進行辯解，不想證明執意支持一切妥協或過分自豪和倔強地堅持個人信念的正當性。本書也不想表明，在每一個問題上都有對的一方和錯的一方，以及所有參議員，除了傻瓜和無賴外，總會發現對的一方，並且堅持站到對的一方去。相反，我持有與墨爾本[1]首相一樣的感受，當年他被年輕的歷史學家湯瑪斯·麥考利[2]的批評所激怒，說過他很想像麥考利表現出來的那樣，對什麼事都很確定。在國會的九年使我懂得了林肯那句話的智慧：「幾乎沒有一件事一無是處或者十全十美。幾乎每一件事，特別是政府的政策，總是利弊不可分割地結合在一起，需要我們不斷對利和弊哪個作為主導做出最佳的判斷。」

本書並不想表明，接受政黨的規則約束和承擔黨員責任必然是一件在任何時候都會影響我們決策的壞事；本書也不想表明，一個州或一個地區的利益在任何時候都沒有被合法考慮權利。相反，每個參議員對自己的政黨、州、小團體、國家和良知都要分別顯示忠誠。在政黨的一些問題上，他對黨的忠誠通常是受控制的。在地區爭端上，他在本地區承擔的責任可能指導他的行動。而最考驗他們的膽量和勇氣的是國家大事，是向他們對黨和地區的忠誠提出質疑的個人良知問題。

與總統、政黨或全國絕大多數人的觀點唱反調是需要勇氣的，但是在我看來，這與參議員藐視掌握著他的前程的憤懣選民所需要的勇氣不能相提並論。正是出於這個理由，我沒有在本書中列入我國最著名的「造反者」——約翰．藍道夫[3]、賽迪斯．史蒂芬斯[4]和羅伯特．拉福萊特[5]等人的故事，這些人勇敢正直，但他們知道自己進行的鬥爭會得到國內選民的支持。

最後，本書並不想貶低民主政府和順乎民意的統治。本書列舉選民激烈地、不公平地非議講原則的人士，並不是無可爭辯地說明我們反對選民最大程度地參與選舉過程。本書講述面對公眾的惡言誹謗仍急公好義的那些人的故事，也不是要證明我們在全國性問題上可以一直忽視選民的感情。正如邱吉爾（Winston Churchill）說

---

1. William Lamb Melbourne（一七七九～一八四八年），英國首相（一八三四年、一八三五～一八四一年），一八二九年繼承子爵爵位。一八三〇～一八三四年任內務大臣。一八三四年任首相，不久被英王威廉四世撤職。但因保守黨未能在議會中獲得多數席位，他再度組閣。維多利亞女王登基後，他成為女王的密友和主要政治顧問。一八三九年在「宮廷內侍問題」的危機中辭職。

2. Thomas Babington Macaulay（一八〇〇～一八五九年），英國政治家、散文家、歷史學家。一八三〇年代表威爾特郡進入國會，支持國會改革。在根據一八三二年法案選出的第一屆國會裡當選為議員。一八三九年擔任墨爾本內閣的國防大臣。一八四一年墨爾本內閣倒臺，他出版了《古羅馬之歌》和《批評和歷史文集》。一八四九到一八五五年間出版《英國史》四卷，成為輝格黨歷史學派的創始人。

3. John Randolph（一七七三～一八三三年），美國著名政治領袖。積極支持州權主義，反對中央集權政府。一七九九年任美國眾議員。一八〇一年任眾院賦稅委員會主席，國會中傑佛遜共和黨領袖。一八二四～一八二五年總統選舉中，他斥責克萊支持亞當斯競選，因而與克萊決鬥，結果均未負傷。一八二五～一八二六年任美國參議員。

4. Thaddeus Stevens（一七九二～一八六八年），美國南北戰爭後重建時期（一八六五～一八七七年）激進派共和黨人的國會領袖。一八三三～一八四一年任賓夕法尼亞州議員，支持國內改革，反對傑克遜民主黨人和奴隸主。一八六五年在國會帶頭拒絕接納戰前南部參、眾議員。一八六八年因詹森總統對南部持寬容態度而提出彈劾總統決議案，任彈劾條款起草委員會主席。自撰墓誌銘闡明他畢生提倡「在造物主面前人人平等」。

5. Robert La Follette（一八五五～一九二五年），美國眾議員、州長和參議員，因他先後揭發州內共和黨黨棍行賄、政府官員貪污舞弊、提出一系列民主改革措施，成為國內進步運動的著名領袖。

過的，「民主是最難的一種治理方式，除了一直不斷地嘗試所有其他方式」。我們可以改進民主程序，闡明我們對民主問題的認識，而且會更加尊重始終認為有必要與公眾輿論對立的人，但是我們不可藉由廢除或限制民主來解決立法獨立和責任的問題。

因為民主絕不僅是維護受到擁戴的政府和少數服從多數的規則，也遠非用恭維或欺騙強大的選民集團這一套政治手段。沒有喬治．諾里斯挺身而出的那種民主是名不符實的民主，在廣泛得到擁護的統治中，缺乏恪守個人良知的重要典範。真正的民主，應生氣蓬勃、永續發展並激勵士氣，總是相信人民，相信人民不僅會選出色且忠誠地代表他們觀點的人作議員，而且此人會執行他們認真做出的判斷；相信人民不會責怪由於恪守原則而不得人心的議員，而會讚賞他們的勇氣，尊重他們的聲譽，並且最終承認他們行動的正確性。

本書中的那些故事就是關於這樣的一種民主。事實上，如果美國沒有維護言論自由和允許意見分歧的傳統，不促進坦誠的思想交鋒，不鼓勵寬容不受歡迎的意見，就不會發生那些故事。懷疑人心皆自私、世間沒有真和善的人會批評本書每章都沒有圓滿的結局。但是我肯定人們不會認為這些故事僅僅是提醒他們要重視當仁不讓的精神。許多頂住輿論壓力，並且最後證明自己是正確的人士，在政治上不斷取得成功，因而我們堅持相信，從長遠來看，人民會對勇敢的行為做出正確的評判。

由此看來，無論以前展現的勇敢行為，還是未來繼續需要有的勇敢表現，都不侷限於參議院。勇敢和良知問題不僅僅關係到我國每個公職人員，不論其職位高低，以及各自對誰——選民、立法機構、政治機構或政黨的組織——負責。這些問題也關係到我國每一位選民，關係到不參加選舉的人，不關心政府的人和對政治家及其事業不屑一顧的人。這些問題還關係到抱怨管理高層腐敗現象以及強調當選的代表必須服從他們的意願的人。在民主社會中，每一個公民，不管他對政治的興趣如何，「都可以擔任公職」，我們每個人都肩負著責任。歸根結底，我們能擁有哪一種政府取決於我們如何履行自己的責任。我們人民才是當家作主的。我們將挑選自己需要的、眾望所歸的政治領袖來執政，不管結果執政得好還是不好。

這些問題甚至也不只關係到政治；因為我們所有人都在不斷面臨是當仁不讓還是百依百順這個基本的選擇，每當我們反對在爭論激烈的問題上隨波逐流，或害怕選民、朋友、董事會或工會對爭論會惱火，就需要我們抉擇。在不貶低已經去世者的勇氣的同時，我們不應忘記還活著的人們，就像本書敘述的人的英勇行為。日常生活中表現出來的勇氣常常不如在關鍵時刻表現出來的勇氣引人注目，但它同樣是成敗兼具、悲喜參半，值得讚揚。一個人去做他應該做的事，不管個人會有什麼樣的後果，會碰到什麼樣的障礙、危險和壓力，這是人類高風亮節的基礎。

本書的這些故事闡明，要做到英勇無畏，並不需要非凡的素質，神奇的方法以及時間、地點和環境的特別組合。這是一個我們大家遲早都會碰到的機會。政治僅僅提供一個對勇氣進行特殊考驗的舞臺。不管在哪個生活舞臺碰到勇氣的挑戰，無論按照自己的良知做事需要付出怎樣的代價——失去朋友，失去財富，失去滿意的生活，甚至失去同胞對他的崇敬——每個人都必須決定自己要走的路。關於歷史上當仁不讓者的故事，闡述了產生勇氣的因素，它們會給人以教育，給人以希望，給人以鼓舞。但是它們不是勇氣本身。因此每個人都必須從他自己心靈中去探尋和開發勇氣。

議長先生，當一個人成為參議院的成員時，他不會想到他實際上不可能不經受嚴酷的考驗；

他不會想到要有多大的勇氣才能抵擋身邊日常的誘惑；他不會想到自己多麼敏感地想迴避那些他必須學會加以制止的不公正譴責；他不會想到爭取公眾認可的天生願望與為公眾服務的責任感之間可能不斷發生矛盾；他不會想到必須安於承受甚至可能來自朋友的不公平待遇；他不會想到別人非議他的動機；他不會想到會遭受愚昧和惡意的挖苦嘲笑；他也不會想到個別死忠擁護者的極度惡意（出於對他的失望）對他毫無防備的心靈造成種種傷害。

總之，議長先生，如果參議員要保持剛正不阿，他必須忍受困難，堅定不移，在時間將會對他做出公正結論的信念支持下，在恪盡職責的道路上穩步前進，如果時間對他不公正，既然憲法授權給他捍衛人民的命運，把他自己放到人民福祉的天平上來掂量一下的話，他認為個人的希望、意願、甚至在公眾中的名聲都無足輕重了。

——緬因州參議員威廉・皮特・費森登

於一八六六年在佛蒙特州參議員富特（Foot）葬禮上發表的悼詞。

在這件事的兩年後，他實現了自己的預言，費森登投票宣佈安德魯・詹森無罪。

歷史與現場 361

# 正直與勇敢：甘迺迪總統親筆記錄堅持信念、當仁不讓的故事

Profiles in Courage

作　者—約翰．甘迺迪（John F. Kennedy）
譯　者—楊宇光
責任編輯—陳萱宇
主　編—謝翠鈺
行銷企劃—鄭家謙
封面設計—陳文德
美術編輯—菩薩蠻數位文化有限公司

董事長—趙政岷
出版者—時報文化出版企業股份有限公司
108019 台北市和平西路三段二四〇號七樓
發行專線—（〇二）二三〇六六八四二
讀者服務專線—〇八〇〇二三一七〇五
（〇二）二三〇四七一〇三
讀者服務傳真—（〇二）二三〇四六八五八
郵撥—一九三四四七二四時報文化出版公司
信箱—一〇八九九 台北華江橋郵局第九九信箱
時報悅讀網—http://www.readingtimes.com.tw
法律顧問—理律法律事務所 陳長文律師、李念祖律師
印　刷—勁達印刷有限公司
二版一刷—二〇二四年七月二十六日
定　價—新台幣四二〇元
缺頁或破損的書，請寄回更換

時報文化出版公司成立於一九七五年，
並於一九九九年股票上櫃公開發行，於二〇〇八年脫離中時集團非屬旺中，
以「尊重智慧與創意的文化事業」為信念。

正直與勇敢：甘迺迪總統親筆記錄堅持信念、當仁不讓的故事 / 約翰．甘迺迪 (John F. Kennedy) 著；楊宇光譯 . -- 二版 . -- 臺北市：時報文化出版企業股份有限公司, 2024.07
面；　公分 . -- ( 歷史與現場；361)
譯自 : Profiles in Courage

ISBN 978-626-396-483-9( 平裝 )

1.CST: 傳記 2.CST: 美國

785.22　　113008878

ISBN 978-626-396-483-9
Printed in Taiwan